普通高等教育"十二五"规划教材
全国高职高专规划教材·法律系列

非诉讼法律实务与操作

主　编　冯　军　姚淑媛
副主编　曹　琳　刘　蓓　李晓攀
参　编　李艳婷　王　静　李世清
　　　　刘孝俊

内 容 简 介

本书根据常见的非诉讼法律实务,精选、设计了八个实训项目:有限责任公司的设立法律实务、有限责任公司章程的起草法律实务、法律尽职调查实务、有限责任公司整体股改法律实务、合同的起草与审查法律实务、商品房交易法律实务、注册商标申请法律实务、专利申请法律实务。每个实训项目设实训案例、实训任务、操作提示、实训指导、评议考核等环节。由简而繁、循序渐进,可操作性强,侧重技能培养。

本书所选案例简明易懂,适合初学者,其目的在于全方位培养学生的非诉讼法律实务操作技能。本书可作为高职高专法律专业的教材,也可作为法律实务从业者的参考用书。

图书在版编目(CIP)数据

非诉讼法律实务与操作/冯军,姚淑媛主编. —北京:北京大学出版社,2012.11
(全国高职高专规划教材·法律系列)
ISBN 978-7-301-21574-6

Ⅰ.①非…　Ⅱ.①冯…②姚…　Ⅲ.①法律—中国—高等职业教育—教材　Ⅳ.①D92

中国版本图书馆 CIP 数据核字(2012)第 270160 号

书　　名:	非诉讼法律实务与操作
著作责任者:	冯　军　姚淑媛　主编
策 划 编 辑:	张达润
责 任 编 辑:	吴坤娟
标 准 书 号:	ISBN 978-7-301-21574-6/D·3211
出 版 发 行:	北京大学出版社
地　　　址:	北京市海淀区成府路 205 号　100871
网　　　址:	http://www.pup.cn　新浪官方微博:@北京大学出版社
电 子 信 箱:	zyjy@pup.cn
电　　　话:	邮购部 62752015　发行部 62750672　编辑部 62756923　出版部 62754962
印　　刷　者:	北京鑫海金澳胶印有限公司
经　　销　者:	新华书店
	787 毫米×1092 毫米　16 开本　9.25 印张　219 千字
	2012 年 11 月第 1 版　2013 年 12 月第 2 次印刷
定　　　价:	20.00 元

未经许可,不得以任何方式复制或抄袭本书之部分或全部内容。
版权所有,侵权必究
举报电话:010-62752024　电子信箱:fd@pup.pku.edu.cn

前　言

　　市场经济是法治经济，法律职业教育的任务之一就是为市场经济培养高素质、技能型的法律服务人才。对于公司、企业等市场经济主体而言，无论是日常的运营还是阶段性的跨越或发展，都有大量的非诉讼法律实务需要规范处理。如公司的设立和变更、公司章程及合同的起草和审查、公司改制、融资并购、股权转让、IPO、法律尽职调查、商标和专利的申请及许可、企业著作权的保护和转让、企业破产清算等，这都需要大量高素质、技能型的非诉讼法务人才。

　　但是，目前各职业院校的法律课程均侧重诉讼法律事务的教学，社会上对法律职业的认识也都停留在公、检、法和律师的层面上，实践中为数不多的非诉讼法律人才也都是经过多年实践摸索和经验积累才有了较高的服务水平。目前，市场经济对非诉讼法律人才的需求日渐增长，各类法律院校也开始重视非诉讼法律技能的培养，但相关的教材和教学资料严重缺乏。

　　基于上述原因，我们组织了经验丰富的法律教学人员和从事非诉讼法律实务多年的实务部门的专家等，共同研讨、策划并编写了本书。本书从实践出发，本着门槛低、上手快、应用广泛的原则，从繁杂的非诉讼法律实务中精选了八个项目：有限责任公司的设立法律实务；有限责任公司章程的起草法律实务；法律尽职调查实务；有限责任公司整体股改法律实务；合同的起草与审查法律实务；商品房交易法律实务；注册商标申请法律实务；专利申请法律实务。每个项目分为实训任务和实训指导两部分，其中实训任务主要通过案例操作来培养学生的非诉讼法律实务技能，该部分又分为实训案例、工作任务、分组操作、操作提示和评议考核等五个环节；实训指导部分主要针对实训任务进行非诉讼法律实务知识和技能的介绍，用于指导学生展开实训工作或供教师授课参考。

　　本书由冯军、姚淑媛任主编，曹琳、刘蓓、李晓攀任副主编。编写人员简介及分工情况如下。

　　冯军，河北司法警官职业学院法律系民商法律教研室副主任、讲师、兼职律师。负责策划和组稿，并编写项目一、项目二、项目三。

　　姚淑媛，河北司法警官职业学院法律系主任、教授。负责全书的统稿、修改和定稿。

　　曹琳，河北司法警官职业学院法律系办公室副主任、讲师、国际注册法律顾问师。编写项目五。

　　刘蓓，河北司法警官职业学院法律系讲师。编写项目六。

　　李晓攀，河北司法警官职业学院法律系讲师。编写项目四。

　　李艳婷，河北司法警官职业学院法律系讲师。编写项目八。

　　王静，河北司法警官职业学院法律系综合实训教研室副主任，讲师。编写项目七。

　　此外，河北政法职业学院副教授李世清、东海证券有限责任公司投资银行部刘孝俊参加了本书的研讨、选题并参编、修改了部分项目的书稿。

　　由于时间仓促，编者水平和能力有限，再加上非诉讼法律实务操作中变数较大，因此，本书虽然数易其稿，仍难免存在疏漏或不足。恳请读者批评指正。

编者
2012 年 7 月

目　录

项目一　有限责任公司的设立法律实务 ……………………………………… (1)
　　实训目标 ………………………………………………………………………… (1)
　　实训任务 ………………………………………………………………………… (1)
　　实训指导 ………………………………………………………………………… (2)
　　　　§1　设立前的准备工作 ……………………………………………………… (2)
　　　　§2　办理工商登记 …………………………………………………………… (9)
　　　　§3　设立后的相关事项 ……………………………………………………… (13)

项目二　有限责任公司章程的起草法律实务 …………………………………… (15)
　　实训目标 ………………………………………………………………………… (15)
　　实训任务 ………………………………………………………………………… (15)
　　实训指导 ………………………………………………………………………… (17)
　　　　§1　有限责任公司章程的基本内容 ………………………………………… (17)
　　　　§2　法律关于公司章程的任意性规定 ……………………………………… (18)
　　　　§3　章程起草中的特别事项 ………………………………………………… (19)

项目三　法律尽职调查实务 ……………………………………………………… (30)
　　实训目标 ………………………………………………………………………… (30)
　　实训任务 ………………………………………………………………………… (30)
　　实训指导 ………………………………………………………………………… (31)
　　　　§1　法律尽职调查的内容 …………………………………………………… (31)
　　　　§2　法律尽职调查的方法 …………………………………………………… (37)
　　　　§3　撰写与编制尽职调查文件 ……………………………………………… (39)

项目四　有限责任公司整体股改法律实务 ……………………………………… (50)
　　实训目标 ………………………………………………………………………… (50)
　　实训任务 ………………………………………………………………………… (50)
　　实训指导 ………………………………………………………………………… (51)
　　　　§1　有限责任公司股改的筹备 ……………………………………………… (51)
　　　　§2　股改工作的开展 ………………………………………………………… (54)
　　　　§3　股改工作的完成 ………………………………………………………… (62)

项目五　合同的起草与审查法律实务 …………………………………………… (65)
　　实训目标 ………………………………………………………………………… (65)
　　实训任务 ………………………………………………………………………… (65)

实训指导 ··· (66)
　　　　§1　合同的起草 ··· (66)
　　　　§2　合同的审查 ··· (73)
　　　　§3　常见合同的起草和审查要点 ··· (76)
项目六　商品房交易法律实务 ··· (79)
　　实训目标 ··· (79)
　　实训任务 ··· (79)
　　实训指导 ··· (80)
　　　　§1　商品房现售操作程序 ··· (80)
　　　　§2　商品房预售操作程序 ··· (86)
　　　　§3　二手房交易操作程序 ··· (90)
项目七　注册商标申请法律实务 ··· (102)
　　实训目标 ··· (102)
　　实训任务 ··· (102)
　　实训指导 ··· (103)
　　　　§1　商标注册申请 ··· (103)
　　　　§2　审查与公告 ··· (108)
　　　　§3　撤回、复审与续展 ··· (112)
　　　　§4　国外商标注册途径 ··· (119)
项目八　专利申请法律实务 ··· (120)
　　实训目标 ··· (120)
　　实训任务 ··· (120)
　　实训指导 ··· (121)
　　　　§1　专利申请前的准备工作 ··· (121)
　　　　§2　申请文件的撰写和填写 ··· (123)
　　　　§3　专利的申请与受理 ··· (132)
　　　　§4　专利申请的审批 ··· (133)

项目一　有限责任公司的设立法律实务

实训目标

通过本项目的实训,使学生能够实际操作有限责任公司设立的相关工作,能够撰写和填写相关文书表格,学会处理公司设立过程中的相关法律事项,最终达到设立公司并开展业务的目的。

实训任务

一、实训案例

当事人:创伟电子服务部(个体工商户,业主郭双喜)、张金明、张银明、王小利。张金明于永嘉县县城有自建楼房一栋,上下两层,一楼为300平方米的大厅,二楼为九间单间。郭双喜于2006年成立了创伟电子服务部,主要经营二手电脑、电脑配件、计算机及家电维修。由于业务不断扩大,需要扩大营业场所。2008年,郭双喜与张金明签订了房屋租赁合同,合同约定张金明将自己的一楼大厅及楼上两间房屋出租给郭双喜使用,租金每年2.5万元。由于不断增加经营项目、购置车辆、代理品牌电脑、增大进货量、为客户垫资安装设备、雇佣人员等,所以处于成长期的创伟电子服务部需要大量的流动资金。近三年期间郭双喜不但拖欠了张金明5万元房租,还从朋友王小利处借了10万元现金。2011年6月,王小利的借款到期,张金明也不断索要房租,而创伟电子服务部正是发展的良好时机,急需资金支持。于是,创伟电子服务部业主郭双喜、房主张金明、张金明的弟弟张银明以及债权人王小利四人共同协商合伙创业,在创伟电子服务部的基础上成立创伟计算机科技有限责任公司,四人为股东。郭双喜以创伟电子服务部的所有资产出资,张金明以整栋楼房及郭双喜所欠的5万元租金出资,王小利以郭双喜所欠的10万元现金出资,张银明愿出资10万元现金入股。四人经协商一致同意委托律师钟江伟代理全部公司设立事务。

二、工作任务

1. 分析案情,确定所要成立公司的性质、规模、种类。
2. 查阅公司法等相关法律,登录工商局网站或到附近工商局咨询公司设立要求和手续,并领取相应的表格。
3. 编制工作计划和具体操作步骤,并起草各类文件。
4. 按计划逐步(模拟)实施设立公司的全部程序。

三、分组操作

根据班级人数和实训目标的需要,将学生分为若干个实训小组。要求每个小组独立完成实训任务,自行搜集、查阅相关法律、法规、行政规章等,并到工商、税务等各相关部门咨询学习,充分了解实务操作规程。各组成员应结合实训案例分别担任股东、律师等角色。教师在必要时给予提示、指导或帮助。主要是让学生独立操作任务,通过亲身参与案件办理的方式,使学生能够更直接、更感性地获得技能训练。

四、操作提示

在实训过程中,凡是涉及有关行政部门的手续,都应实地前往咨询。如到工商局咨询公司注册和营业执照办理事宜,到税务局咨询税务登记证及发票办理和领取事宜,到技术监督局办理组织机构代码证相关事宜等。以此来增强实训过程的现场效果,同时获得现实可用的实务知识,增加实践经验和感性积累。本实训案例的操作中需注意现金出资和实物出资的处理,注意股东间原有债权债务的处理。

五、评议考核

分组操作环节完成后,由各组汇报本组操作过程和任务完成情况,并做出自我评价;教师组织各组互相评议,取长补短;最后教师对各组的任务完成情况进行比较、点评、总结,并逐一给出考核成绩。

考核要点:
1. 有限责任公司的设立条件;
2. 有限责任公司的设立程序;
3. 设立公司过程中各种文书的起草和制作;
4. 设立公司过程中各种表格的填写;
5. 公司组织机构的建立。

实训指导

§1 设立前的准备工作

根据《中华人民共和国公司法》(以下简称《公司法》)第二十三条的规定,设立有限责任公司,应当具备下列条件:
1. 股东符合法定人数;
2. 股东出资达到法定资本最低限额;
3. 股东共同制定公司章程;
4. 有公司名称,建立符合有限责任公司要求的组织机构;
5. 有公司住所。

另据《公司法》第二十四条、第二十六条和第五十九条的相关规定,有限责任公司股东人数应在五十人以下,注册资本最低限额为三万元人民币,但一人有限责任公司注册资本最低限额为十万元,法律、行政法规另有规定的除外。

在组织机构方面,通常公司应设股东会、董事会、监事会、经理等权力机关和执行机构,但人数较少、规模较小的公司,可以不设董事会而是设一名执行董事,执行董事可以兼任公司经理;同时还可以不设监事会而只设一至两名监事。此外,一人有限责任公司不设股东会。

根据法律、法规及相关规范性文件的规定,结合实务操作经验,设立一个有限责任公司通常需要如下几个步骤。

一、选择公司注册地址、签订房屋租赁合同

公司注册地址通常位于商业写字楼或其他商用建筑中,股东自有房屋当然可以投入使用,但实践中绝大多数为承租房屋。因此,需要与出租方签订房屋租赁合同,同时这也是后期办理工商注册手续的需要。房屋租赁合同签好之后,还需要出租方提供房屋产权证书复印件作为合同附件。此外,还需要到税务部门购买印花税标粘贴于房屋租赁合同的首页之上。至此,便完成了公司注册选址和房屋租赁工作,接下来便进入到申请公司注册的各个环节。

二、公司名称的核准

设立有限责任公司,首先要给公司起个名字,公司的名称一般由"行政区划＋特有字号＋所属行业＋组织形式"构成。如"石家庄中辰物业服务有限公司",其中石家庄是公司所属行政区划,中辰是该公司的特有字号,物业服务是公司所属的行业,有限公司为该公司的组织形式。为了避免和已有的公司重名,同时也是设立公司的要求,为公司起名称需要到工商局申请企业名称预先核准。《企业名称预先核准申请书》如表 1-1 所示。

表 1-1 企业名称预先核准申请书

企业名称预先核准申请书

申请企业名称	
备选企业名称（请选用不同的字号）	1.
	2.
	3.
经营范围	许可经营项目：
	一般经营项目：
	（只需填写与企业名称行业表述一致的主要业务项目）

续表

注册资本(金)	（万元）
企业类型	
住所所在地	
指定代表或者委托代理人	

指定代表或委托代理人的权限：
1. 同意□ 不同意□ 核对登记材料中的复印件并签署核对意见；
2. 同意□ 不同意□ 修改有关表格的填写错误；
3. 同意□ 不同意□ 领取《企业名称预先核准通知书》。

指定或者委托的有效期限	自　　年　　月　　日至　　年　　月　　日

注：1. 手工填写表格和签字请使用黑色或蓝黑色钢笔、毛笔或签字笔，请勿使用圆珠笔。
    2. 指定代表或者委托代理人的权限需选择"同意"或者"不同意"，请在□中打√。
    3. 指定代表或者委托代理人可以是自然人，也可以是其他组织；指定代表或者委托代理人是其他组织的，应当另行提交其他组织证书复印件及其指派具体经办人的文件、具体经办人的身份证件。

投资人姓名或名称	证照号码	投资额（万元）	投资比例（%）	签字或盖章
填表日期			年　月　日	

续表

指定代表或者委托代理人、 具体经办人信息	签　　字：
	固定电话：
	移动电话：
（指定代表或委托代理人、具体经办人 身份证明复印件粘贴处）	

注：1. 投资人在本页表格内填写不下的可以附纸填写。
　　2. 投资人应对第(1)、(2)两页的信息进行确认后，在本页盖章或签字。自然人投资人由本人签字，非自然人投资人加盖公章。

　　预先为公司起的名称一旦与已有公司重名，则必须重新选定名称，因此在填写企业名称预先核准申请时，要填写几个备选名称。如果前面的名称不能使用，则依次选取后面的备用名称。在实践操作中，所有股东并非一起同去，通常会委托一人前往办理相关手续，因此，在填写企业名称预先核准申请的同时还需要填写《投资人授权委托意见》。

　　企业名称预先核准申请，经工商局审查合格后会向申请人核发《企业名称预先核准通知书》，《企业名称预先核准通知书》参考文本如下。

企业名称预先核准通知

（　　）名称预核　字[　]　第　　号

　　根据《企业名称登记管理规定》和《企业名称登记管理实施办法》，同意预先核准下列＿＿＿各投资人出资，注册资本（金）＿＿＿＿万元（币种），住所设在＿＿＿＿的企业名称为：

　　该预先核准的企业名称保留至＿＿＿＿。在保留期内，不得用于经营活动，不得转让。
　　投资人名单、投资额及投资比例：

　　　　　　　　　　　　　　　　　　　　　　　年　　月　　日

注：1. 本通知书在保留期满后自动失效。有正当理由，在保留期内未完成企业设立登记，需延长保留期的，全体投资人应在保留期届满前1个月内申请延期。延长的保留期不超过6个月。
　　2. 企业设立登记时，应将本通知书提交登记机关，存入企业档案。
　　3. 企业设立登记时，有关事项与本通知书不一致的，登记机关不得以本通知书预先核准的企业名称登记。

4. 企业名称涉及法律、行政法规规定必须报经审批,未能提交审批文件的,登记机关不得以本通知书预先核准的企业名称登记。

5. 企业名称核准与企业登记不在同一机关办理的,登记机关应当自企业登记之日起30日内,将加盖登记机关印章的该营业执照复印件,报送名称预先核准机关备案。未备案的,企业名称不受保护。

三、制定公司章程

公司章程由所有股东共同制定,有限责任公司章程应当载明下列事项:

1. 公司名称和住所;
2. 公司经营范围;
3. 公司注册资本;
4. 股东的姓名或者名称;
5. 股东的出资方式、出资额和出资时间;
6. 公司的机构及其产生办法、职权、议事规则;
7. 公司法定代表人;
8. 股东会会议认为需要规定的其他事项。

股东应当在公司章程上签名、盖章。

公司章程的制定既简单又复杂,若只为办理注册公司手续的需要,则可以直接从工商局网站上下载一个通用文本,根据自己公司的情况填写一下公司名称、地址、注册资金等项目即可。在实践中很多中小型公司也是这么操作的,尤其是委托代理公司代为办理工商注册时,通常都是采用工商局的通用文本。但这种文本不具有针对性,一旦公司出了问题,这种章程并不实用。因此需要针对不同的公司,根据具体情况,有针对性地制定较为完善的公司章程(见项目二:公司章程的制定)。

四、开户和出资

联系一家银行开立验资账户,所有股东都将自己认缴的出资存入验资账户中。根据我国《公司法》的规定,股东应当按期足额缴纳公司章程中规定的各自所认缴的出资额。股东以货币出资的,应当将货币出资足额存入有限责任公司在银行开设的账户;以非货币财产出资的,应当依法办理其财产权的转移手续。此外,以非货币出资的部分,还需要经资产评估机构进行评估并出具评估报告以确定其价值。银行开立验资账户只涉及货币出资的部分。

投资人去银行开立验资账户时要携带工商局核发的《企业名称预先核准通知书》、《公司章程》、股东身份证、法定代表人印章、《银行询证函》等材料。其中《银行询证函》可以从任何一家会计师事务所索取,因此,可以提前联系一家会计师事务所,一则索取《银行询证函》,二则方便后期为公司提供验资、审计等专项服务。

各股东将各自出资存入验资账户后,银行会出具交款单据并在《银行询证函》上签章。《银行询证函》的参考文本如下:

银行询证函

编号：

_____（银行）：

  本公司（筹）聘请的××会计师事务所有限责任公司正在对本公司（筹）的注册资本实收/（变更）情况进行审验。按照中国注册会计师独立审计准则的要求和国家有关法规的规定，应当询证本公司（筹）投资者（股东）向贵行缴存的出资额。下列数据出自本公司相关资料记录，如与贵行记录相符，请在本函下端"数据证明无误"处盖章证明；如有不符，请在"数据不符"处列明不符事项。有关询证费用可直接从本公司（筹）存款账户中收取。回函请直接寄至××会计师事务所有限责任公司。

  通信地址：××市××区××路××大厦××层　　联系人：×××

  邮编：××××××　　电话：××××××××　　传真：××××××××

  截至_____年____月____日止，本公司投资者（股东）缴入的出资额列示如下：

缴款人	缴入日期	验资专户银行账号	币种	金额（大写）	款项用途	备注
合　计						

（公司（筹）及全体股东盖章）

年　　月　　日

结论：1. 数据证明无误 （银行签章） 经办人：_____ 联系电话：_____ 年　月　日	2. 数据不符，请列明不符金额 （银行签章） 经办人：_____ 联系电话：_____ 年　月　日

五、办理《验资报告》

股东出资完毕之后,即可到会计师事务所办理验资报告。办理《验资报告》时需携带银行出具的股东缴款单据、《银行询证函》、《公司章程》、《企业名称预先核准通知书》、《房屋租赁合同》等材料。公司股东既有货币出资又有实物出资的,其中货币出资比例不少于30%。会计师事务所依据相关规定对股东出资情况进行审验后出具《企业设立验资报告》。《企业设立验资报告》参考文本如下:

企业设立验资报告

××××××有限公司全体股东:

我们接受委托,审验了贵公司截至××××年××月××日止申请设立登记的注册资本实收情况。按照国家相关法律、法规的规定和协议、章程的要求出资,提供真实、合法、完整的验资资料,保护资产的安全、完整是全体股东及贵公司的责任。我们的责任是对贵公司注册资本实收情况发表审验意见。我们的审验是依据《独立审计实务公告第1号——验资》进行的。在审验过程中,我们结合贵公司的实际情况,实施了检查等必要的审验程序。

根据有关协议、章程的规定,贵公司申请登记的注册资本为人民币××××万元,由××、××、××、××公司于××××年××月××日之前缴足。经我们审验,截至××××年××月××日止,贵公司已收到全体股东缴纳的注册资本合计人民币××万元(大写)。各股东均以货币出资。其中×××投资×××万人民币,投资比例××%;×××投资×××万人民币,投资比例××%;××××××公司投资×××万人民币,投资比例××%;×××投资×××万人民币,投资比例××%。

本验资报告供贵公司申请设立登记及据以向全体股东签发出资证明时使用,不应将其视为是对贵公司验资报告日后资本保全、偿债能力和持续经营能力等的保证。因使用不当造成的后果,与执行本验资业务的注册会计师及会计师事务所无关。

附:注册资本实收情况明细表(见下页)。

××××××会计师事务所(公章)　　中国注册会计师:×××(签名并盖章)

　　　　　　　　　　　　　　　　　中国注册会计师:×××(签名并盖章)

地址:××市××区××大厦××层××××号

　　　　　　　　　　　　　　　　　报告日期:××××年××月××日

注册资本实收情况明细表

被审验单位名称:××××××有限公司　截止到××××年××月××日

货币单位:元

投资者名称	注册资本		投入资本				
	金额	出资比例	货币资金	实物资产	无形资产	合计	占投入资本比例
×××	×××	×%	×××	0	0	×××	×%
×××	×××	××%	×××	0	0	×××	××%

续表

投资者名称	注册资本		投入资本				
	金额	出资比例	货币资金	实物资产	无形资产	合计	占投入资本比例
×××	×××	××%	×××	0	0	×××	××%
××××××公司	××××	××%	××××	0	0	××××	××%

编制单位：××××××会计师事务所　　注册会计师：×××　　填表人：×××

除了《注册资本实收情况明细表》之外，会计师事务所还会根据情况在出具《验资报告》时附注《验资事项说明》，对公司组建及审批情况、申请的注册资本及出资规定、实际出资情况等事项加以说明。

§2　办理工商登记

有限责任公司的设立以办理工商登记为准，领取工商营业执照是公司成功设立的标志。到工商局办理公司注册登记时需要填写公司设立登记的相关表格，具体如下：

1. 公司设立登记申请表（如表1-2所示）；
2. 股东（发起人）名录（如表1-3所示）；
3. 董事、经理、监事情况表（如表1-4所示）；
4. 法人代表登记表（如表1-5所示）；
5. 指定代表或委托代理人登记表（如表1-6所示）。

表1-2　公司设立登记申请书

公司设立登记申请书

名　　称			
住　　所		邮政编码	
法定代表人姓名		职　务	
注册资本		公司类型	
实收资本		出资方式	
经营范围			

续表

营业期限	自 年 月 日至 年 月 日
备案事项	

本公司依照《中华人民共和国公司法》、《中华人民共和国公司登记管理条例》设立,提交材料真实有效。谨此对真实性承担责任。

法定代表人签字:　　　　　　　　指定代表或委托代理人签字:

　　年　月　日　　　　　　　　　　　年　月　日

注:1. 提交文件、证件应当使用A4纸。
　　2. 应当使用钢笔、毛笔或签字笔工整地填写表格或签字。
　　3. 公司类型:有限责任公司和股份有限公司。其中,国有独资公司应当注明"有限责任公司(国有独资)";一人有限责任公司应当注明"有限责任公司(自然人独资)"或"有限责任公司(法人独资)";股份有限公司是上市公司的应当注明"股份有限公司(上市)"。

表1-3　股东(发起人)名录

_____公司股东(发起人)名录

股东(发起人)名称或姓名	证件名称及号码	认缴			持股比例(%)	认缴			余额交付期限	备注
		出资额(万元)	出资方式	出资时间		出资额(万元)	出资方式	出资时间		

注:1. 根据公司章程的规定及实际出资情况填写。
　　2. "备注"栏填写下述字母:A. 企业法人;B. 社会团体法人;C. 事业法人;D. 国务院、地方人民政府;E. 自然人;F. 外商投资企业;G. 其他。
　　3. 出资方式填写:货币、非货币。

表1-4 董事、经理、监事情况表

董事、经理、监事信息

姓名_____ 职务_____ 身份证件号码：_____
（身份证件复印件粘贴处）
姓名_____ 职务_____ 身份证件号码：_____
（身份证件复印件粘贴处）
姓名_____ 职务_____ 身份证件号码：_____
（身份证件复印件粘贴处）

表1-5 法定代表人登记表

_____公司法定代表人登记表

姓　　名		是否公务员	
职　　务		联系电话	
任免机构			

续表

（身份证件复印件粘贴处）
法定代表人签字： 年　月　日

表1-6　指定代表或者共同委托代理人的证明

指定代表或者共同委托代理人的证明

申请人：_____

指定代表或者

委托代理人：_____

委托事项：　　　办理工商注册事宜　　　

指定代表或委托代理人更正有关材料的权限：

  1. 同意□不同意□修改任何材料；

  2. 同意□不同意□修改企业自备文件的文字错误；

  3. 同意□不同意□修改有关表格的填写错误；

  4. 其他有权更正的事项：_____

指定或者委托的有效期限：自　　年　月　日至　　年　月　日

指定代表或委托代理人联系电话	固定电话：
	移动电话：

项目一　有限责任公司的设立法律实务

```
┌─────────────────────────────────────────────────┐
│                                                 │
│                                                 │
│              （指定代表或委托代理人               │
│              身份证明复印件粘贴处）               │
│                                                 │
│                                                 │
└─────────────────────────────────────────────────┘
```

　　　　　　　　　　　　　　　　　　（申请人盖章或签字）
　　　　　　　　　　　　　　　　　　　　年　　月　　日

注：1. 设立登记，有限责任公司申请人为全体股东、国有独资公司申请人为国务院或地方人民政府国有资产监督管理机构；股份有限公司申请人为董事会；非公司企业申请人为出资人。企业变更、注销登记申请人为本企业。

2. 申请人是法人和经济组织的由其盖章；申请人是自然人的由其签字；申请人为董事会的由全体董事签字。

3. 指定代表或者委托代理人更正有关材料的权限：1、2、3 项选择"同意"或"不同意"并在□中打√；第 4 项按授权内容自行填写。

　　上述表格填写完毕并按要求签字、盖章之后，连同《企业名称预先核准通知书》《公司章程》《房屋租赁合同》《企业设立验资报告》等所有材料一起交工商局审核。如果公司业务涉及特种经营项目的，在工商登记之前还需要办理各种特种经营许可证。工商局需要对申请文件、材料核实，自受理之日起 15 日内会作出是否准予登记的决定。工商局作出准予公司设立登记决定的，会出具《准予设立登记通知书》，申请人自决定之日起 10 日内可领取营业执照及副本。完成了工商登记，领取了营业执照，公司设立工作就基本完成了。

§3　设立后的相关事项

　　工商局为公司颁发营业执照之日即为公司成立之日。也就是说，自公司领取营业执照之日，公司就正式成立了。但是，公司正式开业之前仍需要办理一些必要事项。

一、刻制公司印章

　　刻制公司印章需要到当地公安机关申请。新成立公司申请刻制公司印章需携带公司营业执照副本原件及复印件、法定代表人身份证原件及复印件，另需填写申请书一份。经公安机关批准后到指定的刻章社去刻制公章。公司还可以根据需要申请刻制财务专用章、合同专用章等以及各部门印章等。

二、办理组织机构代码证

　　组织机构代码是各机关、团体、企事业单位等组织机构均获得一个唯一的、始终不变的法定代码，重要用于政府部门的统一管理和业务单位实现计算机自动化管理的需要。目前，组织机构代码已在工商、税务、银行、公安、财政、人事劳动、社会保险、统计、海关、外贸和交通等数十个部门广泛应用,是组织进行社会交往、开展商务活动所必需的"身份证号码"。因此,公司登记设立之后,要及时到技术监督部门办理组织机构代码证。办理组织机构代码证时需要用到营业执照原件及复印件、法定代表人及具体办理人员的身份证原件及复印件、公司公章等。由于组织机构代码证从申请到发证会有一个期间,因此,技术监督局会首先发一个预先受理代码证明文件,公司凭这个证明文件即可以办理税务登记证、银行基本账户开户手续等。

三、开立银行基本账户

公司凭营业执照、组织机构代码证(或预先受理代码证明文件),去银行开立基本账号。有的银行需要《税务登记证》,遇到这种情况就需要先去税务部门办理《税务登记证》,之后再开立公司基本账户,基本账户开好后再将账户报给税务部门。开立基本账户时需要公司的营业执照、税务登记证、组织机构代码证、法定代表人身份证、经办人身份证、公章、法定代表人印章等。也可以在开立验资账户的银行申请将该验资账户转为公司基本账户。

四、办理税务登记

公司应当自领取营业执照,或者自有关部门批准设立之日起三十日内,或者自纳税义务发生之日起三十日内到当地税务机关申请办理税务登记。办理税务登记时,要用到营业执照、公司章程、组织机构代码证、法定代表人身份证等材料以及当地税务机关要求的其他材料并根据要求填写表格和申请书等。税务机关收到申请和有关证件资料后,进行初步的审查,符合登记条件的,发放税务登记表和纳税人税种登记表。此后的30日内税务部门会审核公司的登记事项以确认是否属实,通过审核符合规定的发放税务登记证及其副本,并分税种填制税种登记表,确定纳税人所适用的税种、税目、税率、报缴税款的期限以及征收方式和缴款方式等。

此外,公司还需要根据自己的经营性质和范围,分别到国税或地税部门申领发票。至此,公司基本上就可以营业了。

项目二　有限责任公司章程的起草法律实务

实训目标

通过本项目的实训,使学生能够根据我国《公司法》等相关法律规定,有效结合某个具体有限责任公司的实际情况,为目标公司起草一部实用的、有针对性的公司章程。从而提高非诉讼法律业务的实务操作能力,提高法律服务专业化的水平。

实训任务

一、实训案例

张某、李某、王某、赵某与某餐饮有限公司的出资人孙某是多年的至交好友,生意上也互有来往,相互之间彼此信任。孙某欲设立一家服装公司,邀请张某、李某、王某、赵某共同投资,张某、李某、王某和赵某四人经商议都同意与孙某合作。五人协商初步达成如下若干意向:

1. 设立一家服饰类有限责任公司,注册资本为 2000 万元人民币,经营范围以服装、鞋帽、纺织品、床上用品为主;

2. 注册资金由孙某控股的某餐饮有限公司出资 1200 万元,张某、李某、王某和赵某四人各出资 20 万元;

3. 公司的名字暂定为"××市慕云服饰有限责任公司",公司租用××省××市××大街 171 号长城大厦 A 座 23 层为办公地址,经营期限暂定为 30 年;

4. 公司设董事会,董事会初步定为由七名董事组成,董事候选人由股东按出资比例提名,每个股东至少可提名一人候选;

5. 公司不设监事会,但要设一名监事;

6. 鉴于张某、李某、王某、赵某及孙某五人之间的友好关系,大家一致认为,将来各自的股份一般不能对外转让,除非受让人是大家都认可的人或法人;

7. 其他事项,各方随时协商。

相关各方委托工商注册代理机构办理了工商登记,成立了××市慕云服饰有限责任公司。但是,工商注册代理机构在办理工商注册时,直接从工商局网站上下载了一份公司章程样本,稍加修改后由各方签字盖章,直接作为××市慕云服饰有限责任公司的章程并作了公司备案。但实际经营中,各股东发现,该章程不能反映当初大家协商的意思,好多实际问题也未能作出具体规定,现准备聘请专业律师为公司重新起草一份实用性较强的公司章程。

二、工作任务

研究上述案例所描述的情形,根据我国《公司法》及相关法律规定,并结合实训案例的具体情况,为该公司起草一份完整、实用、有针对性的公司章程。具体要求:

1. 公司章程的内容不得违反法律和行政法规的强行性规范;
2. 我国《公司法》对有限责任公司章程的相关规定,要在章程中有所体现;
3. 公司章程不能简单地抄录《公司法》条文,要结合该公司的具体情况,体现出实训案例的具体要求和个案情形;
4. 在实训案例中未做要求或未能体现的情况,可以根据自己的构想自主编写。

三、分组操作

根据参训人员数量和实训目标的需要,将参训人员分为若干个实训小组。每个小组至少五个人,分别代表案例中的四个自然人股东和一个法人股东。要求每个小组共同协商,自行搜集、查阅相关法律、法规、行政规章等。有实训基地的,可到相关有限公司或律师事务所等实训基地借阅相关档案和卷宗,参考有限公司章程的格式及内容。也可参考本项目【实训指导】部分的有限责任公司章程参考范文。各组在充分讨论和研究的基础上,由一名同学执笔,大家共同完成《××市慕云服饰有限责任公司章程》。

四、操作提示

我国《公司法》中有不少条款对有限责任公司章程进行了规定,公司起草章程时并不需要全文抄录法条的规定,对于强制性法律规定,是否抄录在章程中都不会影响其法律效力。重点是要充分利用《公司法》中的授权性规范,根据实训案例的具体情况,发挥自主能动性,结合案例内容起草一份内容较完备、具有针对性和实用性的公司章程。

五、评议考核

分组操作环节完成后,由各组汇报本组操作过程和任务完成情况,并将本组起草的章程打印、装订成册,由指导教师逐一审阅后给出书面评议意见并记录各组成绩。此后要指导全体同学对每一组的章程展开讨论,找出优点和不足。最后综合各组章程的优点和讨论结果,并由指导教师补充相关意见,综合集体智慧形成一个较为完善的《××市慕云服饰有限责任公司章程》。

考核要点:

1. 有限责任公司章程的体例和格式;
2. 有限责任公司章程内容的全面性和完整性;
3. 公司法关于有限责任公司任意性规定的体现;
4. 章程内容与实训案例内容的针对性和实用性;
5. 章程中各类事项的程序和处理机制具有可操作性。

实训指导

有限责任公司章程是由公司全体股东共同制定的规定公司组织机构与活动规则的基本规范,它是一个公司内部必备规范性文件。我国《公司法》规定,设立公司必须依法制定公司章程。公司章程对公司、股东、董事、监事、高级管理人员具有约束力。由此可知,有限责任公司章程是设立有限责任公司必需的一项条件,在公司进行设立登记时,必须向登记机关提交公司章程。

对有限责任公司及其股东、董事、监事、高级管理人员而言,除了要遵守国家法律、法规之外,公司章程就是公司内部的最高"法律"。股东、董事、监事、高级管理人员如有违反公司章程的情形,应当依法或依照公司章程的规定承担相应的责任。处理股东之间、股东与公司之间以及公司内部事务时,在不违反强制性法律规定的情况下,公司章程的规定甚至优先于法律、法规的适用。

§1 有限责任公司章程的基本内容

我国《公司法》第二十五条规定,有限责任公司章程应当载明下列事项:
1. 公司名称和住所;
2. 公司经营范围;
3. 公司注册资本;
4. 股东的姓名或者名称;
5. 股东的出资方式、出资额和出资时间;
6. 公司的机构及其产生办法、职权、议事规则;
7. 公司法定代表人;
8. 股东会会议认为需要规定的其他事项。

股东应当在公司章程上签名、盖章。

上述条文规定的事项是有限责任公司章程必备的内容,此外,根据上述条文第(八)项的规定,只要股东会会议认为需要规定的内容,都可以写入公司章程。在实践中,工商登记机关并不审查公司章程的实质内容,只要申请人提交的材料符合我国《公司法》及我国《公司登记管理条例》的规定即可,对公司章程的要求也仅限于具备法定的基本内容,不违反法律、法规的强行性规定。因此,有很多中小型公司不重视公司章程的制定,在公司注册时直接从工商部门的网站上下载一个公司章程模板,稍加改动就提交备案。另有一些公司的注册登记手续是由工商注册代理机构协助完成的,工商注册代理机构提供的公司章程更是千篇一律,不具有个案针对性和实用性,仅仅是应付工商登记需要而已。此类公司章程的内容基本上都是抄录《公司法》的相关条文,不能反映公司的具体情况和个案特征。一旦发生问题,只能依据法律、法规处理,法律、法规关于公司章程的任意性规范内容未能在公司章程中体现,这样的公司章程无异于一纸空文。

重视公司章程的公司,通常会聘请专业律师或法律顾问来协助起草公司的章程,会将公司章程草案提交股东会充分讨论,针对本公司的具体情况制定一部切实有用的公司章程。

法律、法规关于公司章程的强制性规定无论是否写入公司章程都不影响其法律效力,因此,在公司章程中根据法律、法规的强制性规定制定的公司章程或直接抄录的法律、法规条文内容都没有特别的实际意义,仅仅是一种文本结构上的需要或者是对法律、法规的重申和强调。真正能反映具体某一公司个案特点的应该是根据法律、法规的任意性规范,结合本公司具体情况而做出的属于自己公司特有的相关规定,这也是制定公司章程的意义所在。

§2 法律关于公司章程的任意性规定

《公司法》等法律、法规对有限责任公司章程内容作出相关强制性规定的同时,也作出了很多任意性规定,在起草有限责任公司章程时,要充分利用这些任意性规定并结合公司自身的特点制定出具有针对性、实用性的章程。《公司法》中相关的任意性规定主要体现在以下几个方面。

一、股东会、董事会和监事会

《公司法》第三十八条列举了股东会的各项职权,同时又在该条第(十一)项规定,股东会行使公司章程规定的其他职权。这就意味着公司章程可以在法律规定的职权之外赋予股东会更多的职权,也可以将法律规定的各项职权更加具体化,使之更具有可操作性。类似的规定还有《公司法》第四十七条对董事会职权的规定以及第五十四条关于监事会或监事职权的规定。

在股东会会议程序及议事规则方面,《公司法》第四十条第二款规定,定期会议应当依照公司章程的规定按时召开;第四十二条第一款规定,召开股东会会议,应当于会议召开十五日前通知全体股东,但是,公司章程另有规定或者全体股东另有约定的除外;第四十三条规定,股东会会议由股东按照出资比例行使表决权,但是,公司章程另有规定的除外;第四十四条第一款规定,股东会的议事方式和表决程序,除《公司法》有规定的外,由公司章程规定。这说明:

1. 股东会定期会议的召开必须由公司章程规定;

2. 召开股东会会议的通知时间、股东会会议表决权的配置和行使可以由公司章程根据本公司具体情况另行规定;

3. 股东会的议事方式和表决程序,《公司法》未作规定或规定不具体的,可以由公司章程补充规定。

类似的规定还有《公司法》第四十九条关于董事会的议事方式和表决程序的规定以及第五十六条关于监事会议事方式和表决程序的规定等。

二、董事、监事和经理

《公司法》第四十五条第三款规定董事长、副董事长的产生办法由公司章程规定;第四十六条第一款规定,董事任期由公司章程规定,但每届任期不得超过三年;第五十一条第一款和五十二条第一款规定,股东人数较少或者规模较小的有限责任公司,可以不设董事会而只设一名执行董事,可以不设监事会而只设一至二名监事。由此可见,董事长、副董事长的产生办法必须由公司章程规定,而董事的任期在三年以内由公司章程规定,股东人数较少或规模较小的有限责任公司,可以选择设或不设董事会或监事会,不设董事会的要设一名执行董事,不设监事会的要设一至二名监事。

关于经理的职权,《公司法》第五十条第一款作出了明确的规定,但同时又规定,公司章程对经理职权另有规定的,从其规定。这就意味着,公司章程对经理职权的规定与本条列举的经理职权不一致时,以公司章程的规定为准。

此外,根据《公司法》第十三条的规定,公司章程应当在董事长、执行董事或经理之间选择由谁担任公司法定代表人。

三、分红与股权转让

《公司法》第三十五条规定,股东按照实缴的出资比例分取红利;公司新增资本时,股东有权优先按照实缴的出资比例认缴出资。但是,全体股东约定不按照出资比例分取红利或者不按照出资比例优先认缴出资的除外。根据本条的但书规定,公司全体股东可以另行约定分红办法和增资办法,而不必以实缴出资比例为标准。因此,全体股东可以根据各股东在公司中的作用大小以及其他特别情况另行约定分红和增资办法,并写入公司章程。

根据《公司法》第七十二条的规定,有限责任公司的股东之间可以相互转让其全部或者部分股权;股东向股东以外的人转让股权,应当经其他股东过半数同意;经股东同意转让的股权,在同等条件下,其他股东有优先购买权。同时,该条还规定,公司章程对股权转让另有规定的,从其规定。据此,公司章程可以根据公司以及股东的具体情况,对股权转让问题另作规定,以符合公司的个案特征,符合股东的真实意愿。

四、其他事项

根据《公司法》第十二条第一款规定,除法律、行政法规规定须经批准的项目外、公司的经营范围由公司章程规定,而且还可以通过修改公司章程来改变经营范围。

《公司法》第十三条规定,公司法定代表人依照公司章程的规定,由董事长、执行董事或者经理担任,并依法登记。

《公司法》第十六条第一款规定,公司向其他企业投资或者为他人提供担保,依照公司章程的规定,由董事会或者股东会、股东大会决议;公司章程对投资或者担保的总额及单项投资或者担保的数额有限额规定的,不得超过规定的限额。

《公司法》第七十六条规定,自然人股东死亡后,其合法继承人可以继承股东资格;但是,公司章程另有规定的除外。

了解了上述任意性规定之后,在起草公司章程时,就可以根据本公司自身特定和具体情况,结合股东(投资人)的协商意见加以灵活规定。保证章程在法律允许的范围内充分体现股东(投资人)的意愿,保证章程的实用性和针对性。

§3 章程起草中的特别事项

在公司章程的起草过程中,有些特别事项需要重点关注,并在股东(投资人)间充分协商,最后在公司章程中加以明确规定。此类特别事项包括但不限于如下几个方面。

一、分红权及表决权

根据《公司法》的一般规定,股东在分红、认缴增资和股东会表决时,都是以实缴出资比例为基础。同时《公司法》还规定全体股东可以约定不按照出资比例分红、认缴增资,也可不以出资比例行使表决权。在实践中,有限责任公司的成立并不仅仅是资金的联合,而更多的是人的因素。各个股东能够共同出资设立公司,首先是出于彼此间的信任,其次,各股东在经营、管理、法律事务、社会关系、信息和人脉资源等方面会有不同的优势,对公司的经营和发展所起到的作用也大小不一。如果一律以出资比例来分配红利和表决权,则不能真实反映和平衡股东的利益,不利于调动股东的积极性,有时甚至不利于公司的经营和发展。因此,在起草有限责任公司章程时,应充分考虑此类情形,根据股东和公司的实际情况,设置一套更为合理的分红规则和议事规则。甚至可以制定以出资比例为主,多种分配方式和表决方式相结合的分红、议事规则。

二、董事会和经理

董事会既是股东会的执行机关,又是公司的经营决策机关,在公司的日常生产和经营中处于核心地位。是否设置经理职位,要根据公司的具体情况而定。股东较少或规模较小的公司通常设一名执行董事,执行董事兼具董事会和经理职责。设董事会的有限责任公司,也可不设经理职务,可由董事长行使经理职权。设经理职位的公司,一定要在公司章程中对经理的职权做好设计,不宜直接引用我国《公司法》关于经理职权的规定。因为我国的职业经理人制度尚不成熟,很多职业经理人缺乏信托责任,再加上公司治理结构的不规范等原因,如果直接引用我国《公司法》关于经理职权的规定,则有可能使得经理的职权过大,日久天长,难以控制。一旦经理对公司不利,则公司会遭遇进退两难的境地。

我国《公司法》赋予经理强势职权的同时,又规定公司章程可以另行规定经理职权。因此,在起草公司章程时,可以根据公司的具体实际情况,对经理的职权另行规定,也可以规定经理职权由董事会或董事长根据经理的个人情况特别授权、适时调整。

三、股东会、董事会和监事会的议事规则

股东会、董事会和监事会的议事方式和表决程序是公司章程的重要内容,股东人数较少、人员关系紧密的公司,在此类程序性问题方面较少发生纠纷,一旦出现问题也容易协商解决。因此,在股东会、董事会和监事会的议事方式和表决程序方面规定的内容并不太多。不设董事会或监事会的公司,其议事规则内容更少。在为此类公司制定章程时,通常会将议事方式和表决程序方面的内容根据公司章程的结构顺序直接写入相应的章节。

规模较大、股东较多、机构齐全的公司,则需要有相对完善的议事规则,以防止发生各种纠纷陷入僵局。此类公司需要具备内容全面、细致,结构完整、独立的股东会、董事会和监事会议事规则。此类议事规则在内容方面通常包括:组成和职权方面的规定、成员的任期、会议次数和通知、会议的出席、会议的召集和主持、议案的提交和决议的形成、闭会期间的权力行使、临时会议和例外情形、会议记录等。由于此类议事规则涉及内容较多,放在公司章程正文中会使章程各部分内容的失衡,因此,应将其作为公司章程的附件单独制成《股东会议事规则》、《董事会议事规则》、《监事会议事规则》等文件附于章程之后。

四、对外股权转让与股东资格的继承

相对于股份有限公司而言,有限责任公司具有人合性、封闭性特征。尤其是股东较少、规模较小的有限责任公司。很多公司是因人而合、因人而散。股东之间的友好关系和相互信任是公司存续的基础。股权的对外转让和股东资格的继承会打破原有的股东关系,对公司的稳定性造成一定的影响。然而,根据我国《公司法》的规定,股东对外转让股权虽然需经其他股东过半数同意,但其他股东半数以上不同意转让的,应当购买该转让的股权;不购买的,视为同意转让。这就很难阻止股东对外转让股权。同样,在章程没有特别规定的情况下,自然人股东死亡后,其合法继承人可以继承股东资格。

基于上述情况,有限责任公司在制定公司章程时,应根据股东的相互关系和公司的实际情况,就对外转让股权和自然人股东死亡后的股东资格问题做出适当规定,以体现股东的初始意愿,避免因信任危机造成的不利情形。

附:有限责任公司章程参考范文

_____ 有限责任公司章程

第一章 总 则

第一条 公司宗旨:为维护公司、股东和债权人的合法权益,规范公司的组织和经营行为,依照《中华人民共和国公司法》(以下简称《公司法》)和《中华人民共和国公司登记管理条例》的有关规定,制定本章程。

第二条 公司名称:_____(以下简称公司或本公司)

第三条 公司住所:_____。

第四条 公司由_____、_____、_____、_____共同出资设立。股东以其认缴出资额为限对公司承担责任;公司以其全部资产对公司的债务承担责任。公司自成立之日,依法享有民事权利,自主经营,自负盈亏,以其全部法人资产承担民事责任。

公司营业执照签发之日,为本公司成立之日。

第五条 经营范围:_____。

第六条 公司经营期限为_____年,从取得公司的营业执照之日起计算,经营期满,公司即可解散。各股东如有意继续经营,应在期满前180天向公司登记部门办理延期手续。

第七条 本公司章程自生效之日起,对公司及其股东、高级管理人员等具有法律约束力。公司可以依据公司章程起诉股东、董事、监事、经理和其他高级管理人员;股东可以依据公司章程起诉公司、董事、监事、经理和其他高级管理人员。

第八条 本章程所称高级管理人员是指公司的经理、副经理、财务负责人、法务负责人等。

第二章 公司注册资本和股东出资情况

第九条 公司注册资本为_____万元人民币。

公司根据经营和发展的需要,依照《公司法》和本章程的有关规定,经股东会做出决议,

可以增加或减少注册资本。

第十条 股东出资额情况：

股东姓名（名称）	认缴情况			实缴情况		
	认缴出资额（万元）	出资方式	认缴期限	实缴出资额（万元）	所占比例%	出资时间
			年 月 日			年 月 日
			年 月 日			年 月 日
			年 月 日			年 月 日
			年 月 日			年 月 日
合计			—			—

第十一条 股东以货币出资的,应当将货币出资足额存入公司在银行开设的专用账户；以实物、工业产权或土地等非货币出资的,应依法办理财产权转移手续后,并经法定验资机构验资后出具证明。

股东如不按照前款规定缴纳所认缴的出资,应当向已足额缴纳出资的股东承担违约责任。

第十二条 公司登记注册后,应向股东签发出资证明书。出资证明书应记载以下事项：

一、公司名称；

二、公司登记日期；

三、公司注册资本；

四、股东名称或姓名、缴纳的出资额和出资日期；

五、出资证明书的编号和核发日期。

出资证明书一式两份,公司和股东各持一份,均由董事长签署、公司盖章后生效。

第十三条 股东所持出资证明书如有遗失或损坏,应及时以书面形式报公司挂失,并在公司注册地登报声明作废。经公司核对确认后,予以补发新的出资证明书,并办理补发登记手续。

第十四条 公司设置股东名册,记载股东的姓名、住所、出资额及出资证明书编号等。

第三章 股东的权利和义务

第十五条 股东作为出资者按投入公司的资本额享有资产受益、重大决策和选择管理者等权利,并承担相应的义务。

第十六条 股东的权利：

一、出席或委派代表出席股东会,并根据其出资额行使表决权；

二、依本章程的规定转让出资或股份；

三、选举和被选举为董事会成员或监事；

四、股东按出资比例及本章程的规定分取红利。公司新增资本时,股东可按出资比例及本章程的规定优先认缴出资；

五、在同等条件下优先购买其他股东转让的出资或股份；

六、查阅、复制公司章程、股东会会议记录、董事会会议决议、监事决定等；

七、核查或聘请会计师核查、审计公司经营记录、财务记录、会计账簿和会计报告等；

八、公司终止后,依法分取公司的剩余财产;

九、法律、法规及公司章程所赋予的其他权利。

第十七条 股东义务:

一、按期足额缴纳所认缴的出资;

二、依其所认缴的出资额承担公司债务;

三、公司办理工商登记注册后,股东不得抽回出资,违者应赔偿其他股东因此而遭受的损失;

四、服从和执行股东会的各项决议;

五、遵守公司章程规定的各项条款。

第四章 股份的转让、继承

第十八条 公司股东之间基于相互了解、相互信任及良好的合作关系而共同出资筹建本公司。鉴于公司具有较强的人合性,特此对股权转让问题做出如下规定:

一、股东之间可以相互转让其全部或者部分股权。

二、股东一般情况下不得对外转让股权,除非其他股东全部同意。

三、股东执意转让股权,其他股东无人自愿受让时,不同意对外转让的股东应按出资比例分别受让相应的份额。股权转让价格不能协商一致的,由具备相应资质的评估机构对该项股权进行评估,评估价格即为转让价格。不参与受让的,视为同意对外转让。

四、人民法院依照法定强制执行程序对外转让股东的股权时,若无其他股东自愿行使优先受让权,不同意转让的股东应按出资比例分别受让相应的份额。不参与受让的,视为同意对外转让。

五、转让股权应当签订书面股权转让合同,并及时办理股东名册和工商登记的变更手续。转让方及其他股东有义务协助公司尽快办理上述变更手续,因过错造成手续延误的,过错方应承担因此造成的经济损失。

六、股东转让股权的,受让人在付清全部的股权转让价款并办理工商变更登记手续后,方可取得相应的股东权利,同时承担相应的股东义务。

第十九条 自然人股东死亡的,其股权中的财产权益由其继承人继承,但其继承人不能当然成为公司的股东。如申请成为公司股东,应按照本章程规定履行有关程序,召开股东会通过决议,并办理股东的变更登记手续。

第五章 股东会

第二十条 公司设股东会,股东会由全体股东组成,为公司的最高权力机构。股东会议,由股东按照出资比例行使表决权。出席股东会的股东必须超过全体股东表决权的半数以上方能召开。首次股东会由出资最多的股东主持,以后股东会由董事会召集、董事长主持。

第二十一条 股东会行使以下职权:

一、决定公司的经营方针和投资计划;

二、选举和更换董事、监事,决定有关董事、监事的报酬事项;

三、审议批准董事会的报告和监事的报告;

四、审议批准公司年度财务预算方案、决算方案和利润分配方案、弥补亏损方案;

五、对公司增加或减少注册资本做出决议;

六、对公司的合并、分立、解散、清算或者变更公司形式做出决议;

七、对公司债权人的债转股事项做出决议;

八、讨论决定公司的重大投资方案;

九、讨论决定公司的对外担保事项;

十、讨论决定设立分公司、子公司事项;

十一、讨论决定公司本年度财务预算中未包括的财务支出事项;

十二、讨论和决定公司其他重要事项;

十三、修改公司章程。

第二十二条 股东会分定期会议和临时会议。定期会议每半年定期召开,有下列情形之一的,公司在情形发生之日起一个月内召开临时股东会:

一、董事人数不足本章程所定人数的三分之二时;

二、公司未弥补的亏损达注册资本的三分之一时;

三、代表公司十分之一以上表决权的股东书面提议时;

四、董事会认为必要时;

五、三分之一以上董事或监事提议时。

第二十三条 股东会议由董事会召集并由董事长主持。董事长不能或不履行职责的,由监事召集并主持;监事不召集、主持会议的,代表十分之一以上表决权的股东或临时股东会议的提议人可以自行召集和主持。

召开股东会议,应于会议召开10日前通知全体股东。通知书由董事长或其他有权召集人签署,股东在通知的送达回执中签字或盖章。法人股东的法定代表人、经理、副经理、办公室负责人、办公室秘书等相关人员在回执中签字的,视为法人签收。

第二十四条 持有10%以上表决权的股东有权向股东会提出提案。

提案内容不得与法律、法规和公司章程的规定相抵触,并属于公司经营范围和股东会职权范围;提案应有明确议题和具体决议事项;提案应以书面形式于股东会召开5日前提交董事会。

第二十五条 股东会议应对所议事项做出决议。对于修改公司章程、增加或减少注册资本、分立、合并、解散或变更公司形式等事项做出的决议,必须经代表三分之二以上表决权的股东通过;其他事项须经代表二分之一以上表决权的股东通过。

第二十六条 股东会应对所议事项做成会议记录,会议记录记载以下内容:

一、出席股东会的股东及其有表决权的出资额,占公司注册资本的比例;

二、召开会议的日期、地点;

三、会议主持人姓名、会议过程;

四、发言人对每个审议事项的发言要点;

五、每一议题的表决方式和表决结果;

六、股东的质询意见、建议及董事会、监事的答复或说明等内容;

七、股东会认为应载入记录的其他内容。

出席会议的股东和记录员应当在会议记录上签名,并由公司长期保存。

对所议事项股东以书面形式一致表示同意的,可以不召开股东会议,直接做出决议,并由全体股东在决议文件上签名、盖章。

第六章 董事会

第二十七条 公司设董事会,董事会由_____名董事组成,董事会是公司的执行机构。

董事由股东会在股东提名的候选人中选举产生。各股东按照各自出资比例分别提名数量不等的董事候选人(若出资相同,提名候选人的数量也应相同)。董事候选人须经半数以上股东同意方可当选。候选人未通过选举的,相应的股东应另行提名候选人。

第二十八条 股东担任董事的,每届任期3年,非股东担任董事的,每届任期2年,董事可连选连任。董事任期届满前,股东会无正当理由不得任意解除其董事职务。

第二十九条 董事会设董事长1名,董事长由公司全体董事在董事成员中选举产生。董事长为公司法定代表人。

第三十条 董事会对股东会负责,行使以下权利:

一、负责召集股东会,并向股东会报告工作;

二、执行股东会的决议;

三、根据股东会的经营方针决定公司的经营计划;

四、在股东会授权范围内,决定投资和融资方案,超出授权范围时,应报请股东会决定;

五、制订公司年度财务预、决算方案;

六、制订公司的利润分配方案和弥补亏损方案;

七、制订公司增加或减少注册资本、合并、分立、解散、变更公司形式的方案;

八、决定公司内部管理机构的设置;

九、制定公司的基本管理制度;

十、决定聘任或者解聘公司经理及其报酬事项,并根据经理的提名,决定聘任或者解聘公司副经理、财务负责人、法务负责人等相关高级管理人员及其报酬事项;

十一、决定聘请和解聘会计、审计、评估、律师、证券公司等中介服务机构;

十二、决定公司印鉴的启用、更换和作废;

十三、听取、审查经理的工作报告,代表股东监督、考核公司的经营业绩;

十四、公司章程规定的其他职权。

第三十一条 董事会会议每季度召开一次,特殊情况下董事长、监事、经理或三分之一以上的董事可以提议召开临时董事会会议。

董事会会议由董事长召集和主持。董事长因特殊原因不能履行职责的,由董事长以书面形式委托授权其他董事召集和主持;董事长不履职且不委托其他董事召集和主持的,由半数以上董事共同推举一名董事召集和主持;临时董事会会议的提议人在董事长不履行职责时,可以自行召集临时董事会会议,并按规定通知全体董事。

召开董事会会议,应当于会议召开10日前通知全体董事,通知应明确会议时间、地点、会议内容并附会议议案和说明材料等。召开临时会议,应于会议召开5日前通知全体董事。

董事会会议应制作会议记录,对所议事项的决定应制作董事会决议,出席会议的董事应在会议记录和决议上签名。

第三十二条 董事会会议由二分之一以上的董事出席方可召开。因出席人数不足二分之一而不能召开的情形连续发生两次的,应及时提请召集临时股东会。

董事连续二次不出席董事会议,也不委托其他董事代为出席董事会会议,视为不能履行职责,董事会应当提请股东会予以撤换。

第三十三条 董事会决议的表决,实行一人一票,董事会决议以全体董事过半数通过为有效。

第三十四条 表决关联交易事项时,关联董事应回避表决;因关联董事的回避表决致使董事人数不足二分之一的,应召开临时股东会进行表决。

第三十五条 董事会会议应当有专人记录,出席会议的董事和记录员必须在会议记录上签名。会议记录包括以下内容:

一、会议召开的时间、地点、召集人;

二、出席会议董事;

三、会议议程;

四、各董事发言要点;

五、每一决议事项的表决方式和结果;

六、董事会认为应记录的其他内容。

第三十六条 董事应对董事会的决议承担责任。董事会的决议违反法律、法规或违反公司章程,致使公司遭受严重损失的,参与决议的董事应对公司承担赔偿责任。但在表决时投反对票的可以免除责任。投弃权票的不能免除责任。

第三十七条 董事不得自营或为他人经营与公司业务相同或相近的业务;董事不得从事损害本公司利益的活动;董事任职期间和离任后不得泄漏涉及本公司的商业秘密;董事在任期间不得擅自离职。董事因违反本章程或法律、法规规定的义务,给公司造成的损失,应当承担赔偿责任。

有关董事义务的规定,适用于公司监事、经理和其他高级管理人员。

第七章 监事、经理

第三十八条 公司不设监事会,只设一名监事。监事由股东会选举产生,需代表公司二分之一以上表决权的股东通过才可当选。董事、高级管理人员不得兼任监事。

第三十九条 监事履行公司的监督职责,每届任期为三年,届满可连选连任。

第四十条 监事的职权:

一、检查公司财务;

二、对董事、经理及其他高级管理人员执行公司职务的行为进行监督,对违反法律、行政法规、公司章程或者股东会决议的董事、经理及其他高级管理人员提出罢免的建议;

三、当董事和经理的行为损害公司的利益时,要求董事和经理予以纠正;在董事不履行《公司法》规定的召集和主持股东会会议职责时,负责召集和主持股东会会议;

四、提议召开临时股东会会议,在董事会不履行本法规定的召集和主持股东会会议职责时召集和主持股东会会议;

五、向股东会会议提出提案;

六、依照《公司法》第一百五十二条的规定,起诉董事、经理及其他高级管理人员;

七、公司章程规定的其他职权。

第四十一条 公司经理由董事会聘任或者解聘。经理对董事会负责,负责公司日常经营管理工作,行使以下职权:

一、主持公司的生产经营管理工作,组织实施董事会决议;

二、组织实施公司年度经营计划和投资方案；

三、拟订公司内部管理机构设置的方案；

四、拟订公司基本管理制度；

五、制定公司的具体规章制度；

六、提请聘任或者解聘公司副经理、财务负责人、法务负责人等高级管理人员；

七、决定聘用和解聘其他管理人员及普通员工，并依照法律及公司规定对决定奖惩、晋升或降级、加薪或减薪等；

八、提请聘请和解聘会计、审计、评估、律师、证券公司等中介服务机构；

九、提议召开董事会临时会议；

十、签发日常行政业务文件，在董事会授权范围内代表公司处理对外业务；

十一、在董事会授权范围内决定公司的投资方案；

十二、董事会授予的其他职权。

第四十二条 经理辞职的，应提前30日提出申请，并配合公司进行离任审计、办理业务交接手续。

第四十三条 监事、经理可列席董事会会议。监事、经理接到董事会会议通知后不列席的，不影响董事会议的召开。

第七章 财务、会计

第四十四条 公司依照法律、行政法规和国家财政行政主管部门的规定建立本公司的财务、会计制度。

第四十五条 公司在每一会计制度终了时制作年度财务报告，并在每一会计制度的中期制作中期财务报告，分别于每一个会计年度及每半个会计年度终了后30日内送交各股东审查。

年度财务报告及中期财务报告包括以下内容：

一、资产负债表；

二、损益表；

三、现金流量表；

四、财务情况说明书；

五、其他有关报表及附注。

年度财务报告还应包括利润分配表。

第四十六条 公司每年税后利润分配顺序为：

一、公司法定公积金不足以弥补以前年度亏损的，用当年利润弥补亏损；

二、提取利润的10％列入法定公积金；

三、提取利润的5％列入任意公积金；

四、在股东之间依照实缴出资比例分配。

第四十七条 公司根据国家有关法规及政府主管机关要求，向政府主管部门呈报公司的营业报告、财务会计报告及有关报表。

第四十八条 公司财务会计岗位应聘用取得相关从业资格证书的人员担任，所有的会计账簿应符合国家财政部门的统一规定。

第四十九条 公司执行国家的税收制度，依法纳税。

第八章　公司的合并、分立、解散与清算

第五十条　公司合并或者分立的,应依法签订协议,清算资产、编制资产负债及财产清单,通知债权人并公告,依法办理有关手续。

第五十一条　公司合并、分立、减少注册资本时,由公司的股东会依照法律及本章程的规定做出决议。自做出决议之日起10内通知债权人,并于30日内在报纸上公告。债权人自接到通知书之日起30日内,未接到通知书的自公告之日起45日内,有权要求公司清偿债务或提供相应担保。公司合并或分立前的资产、债权、债务的处理,由合并或分立方签订合同予以明确,但合并或分立后的公司对外依法享有连带债权并承担连带责任。

第五十二条　公司合并、分立、减少或增加注册资本的,应当依法向公司登记机关办理变更登记;公司解散的,应当依法办理公司注销登记。

第五十三条　有下列情形之一的,公司应解散并依法进行清算:
（一）营业期限届满,股东会未通过续存决议;
（二）股东会决议解散;
（三）公司合并或者分立需要解散;
（四）依法被吊销营业执照、责令关闭或者被撤销;
（五）人民法院依照《公司法》第一百八十三条的规定予以解散。

公司因上述第一、二、四、五项规定而解散的,应当在解散事由出现之日起15日内由股东组成清算组,开始清算。逾期不成立清算组进行清算的,债权人可以申请人民法院指定有关人员组成清算组进行清算。

第五十四条　清算组在清算期间行使下列职权:
（一）清理公司财产,分别编制资产负债表和财产清单;
（二）通知、公告债权人;
（三）处理与清算有关的公司未了结的业务;
（四）清缴所欠税款以及清算过程中产生的税款;
（五）清理债权、债务;
（六）处理公司清偿债务后的剩余财产;
（七）代表公司参与民事诉讼活动。

第五十五条　公司清算组应当自成立之日起10日内通知债权人,并于60日内在报纸上公告。债权人应当自接到通知书之日起30日内,未接到通知书的自公告之日起45日内,向清算组申报债权。

第五十六条　清算组在清理公司财产、编制资产负债表和财产清单后,认为公司财产不足清偿债务的,应向人民法院申请宣告破产。公司经人民法院宣告破产后,清算组应将清算事务移交给人民法院。

第五十七条　清算组在清理公司财产、编制资产负债表和财产清单后,应当制订清算方案,并报股东会或者人民法院确认。

清算的公司财产应按照如下顺序支配:
（一）支付清算费用、职工的工资、社会保险费用和法定补偿金;
（二）缴纳所欠税款
（三）清偿公司债务

（四）按照出资比例分配给股东。

第五十八条 清算组应自股东会或人民法院对清算报告确认之日起30日内，依法向公司登记机关办理公司注销登记，并公告公司终止。

第九章　党组织、工会和劳动制度

第五十九条 公司根据《中国共产党章程》和《中华人民共和国工会法》的规定，设立党组织和工会组织，并依法开展活动。公司劳动用工制度严格按照《中华人民共和国劳动法》、《中华人民共和国劳动合同法》执行。

第十四章　附　　则

第六十条 修改章程按下列程序：

（一）由公司董事会提出修改建议，并制定章程修正案；持有10%以上表决权的股东有权提出修改章程的提案；

（二）按照本章程第五章的相关规定，召开股东会，通过章程修正案；

（三）报原注册登记的工商行政管理部门核准备案。

第六十一条 公司章程经全体股东签字盖章后生效，公司章程由股东会负责解释。

第六十二条 公司章程与国家法律、行政法规等有抵触或有未尽事宜，以国家法律、法规等规范性文件的规定为准。

第六十三条 本章程一式10份，公司存档2份，股东各持1份，其余用作报送有关部门备案之用。

法人股东盖章：

自然人股东签名：

年　　月　　日

项目三　法律尽职调查实务

通过本项目的实训,使学生了解法律尽职调查的概念、工作程序、调查方法和注意事项;掌握法律尽职调查工作的基本技能;能够参与简单的法律尽职调查工作;会撰写简单的法律意见书和律师工作报告。

一、实训案例

石家庄市××网络技术工程有限公司的两家股东分别为河北××计算机技术服务有限公司和石家庄××计算机培训学校,其中河北××计算机技术服务有限公司持股比例为51%,石家庄××计算机培训学校持股比例为49%。这两家股东与河北××传媒股份有限公司商议,欲将其所持股权全部转让给河北××传媒股份有限公司。现河北××传媒股份有限公司聘请河北××××律师事务所为该项股权收购的专项法律顾问,河北××××律师事务所指派李××、钟××两名律师为主办人,进行法律尽职调查并出具法律意见书。

二、工作任务

1. 以主办律师的角色制订尽职调查计划,根据调查目的和目标公司的基本情况列出调查项目及具体内容。
2. 根据调查项目和具体调查内容编制尽职调查文件清单。
3. 根据调查文件清单展开(模拟)调查工作。
4. 根据调查结果撰写、制作法律意见书。

三、分组操作

根据班级人数和实训工作任务的需要,将学生分为若干个实训小组,每个实训小组人数在10人左右。各实训小组内部分为两方,一方为律师,一方为公司人员;律师按工作任务要求展开调查工作,公司人员根据需要准备各类(模拟)材料,并在调查中分别扮演公司各类成员角色,协助律师完成尽职调查任务。

有条件的可以联系相关合作单位(各类公司、企业),分派一到两个实训小组到合作单位中进行实际调查。

四、操作提示

尽职调查及法律意见书的重点：股权转让方的主体资格、持股数额及比例、股权取得过程等；股权受让方的主体资格；所交易股权及目标公司的基本情况（组织机构、资产、经营情况等）；本次股权交易涉及的合同或协议；本次股权交易的批准和同意等。

五、评议考核

分组操作环节完成后，由各组汇报本组操作过程和任务完成情况，并做出自我评价；教师组织各组互相评议，取长补短；最后教师对各组的任务完成情况进行比较、点评、总结，并逐一给出考核成绩。

考核要点：

1. 尽职调查事项和具体内容是否全面；
2. 调查文件清单的内容是否满足调查需求；
3. 调查方法的采用是否符合调查内容的性质；
4. 法律意见书的格式是否正确，内容是否全面；
5. 结合工作底稿判断法律意见书是否具备真实性、合法性、有效性。

实训指导

法律尽职调查是指律师事务所根据委托人的委托及相关法律规定对目标公司经济活动中的主体资格、经营状况、资产情况等诸多事项展开调查，并就各项内容的客观真实性、合法合规性、有效性及存在的法律风险等做出明确的法律意见和建议的活动。

法律尽职调查的主体是律师事务所，调查对象为目标公司，调查客体是目标公司各项内容的真实性、合法性和有效性，调查目的是就某项重大经济活动为客户或管理机构提供结论性法律意见或风险评估。调查内容根据具体目的不同而不同，通常包括：公司设立与存续；股权结构和公司治理；资产和权益的权属与限制；业务运营、税务、环保、涉诉或仲裁情况等多个方面。

法律尽职调查通常适用于公司首次公开发行股票并上市、上市公司增发股份及配股、上市公司发行可转换公司债券、股份公司在代办股份转让系统挂牌报价转让（新三板）、资产重组或重大资产转让、兼并收购、股权投资、银行贷款等。在公司证券首发上市中，由拟发行上市的公司聘请律师事务所来对自己的公司展开法律尽职调查，并将调查形成的法律意见书和律师工作报告随其他文件一起向国家证券监管机构送审；在兼并收购、股权投资等其他重大经济活动中，一般由交易一方聘请律师事务所对交易对方展开法律尽职调查，也可约定由交易对方自行聘请律师事务所展开法律尽职调查，根据调查结果以法律意见书或调查报告的形式对拟交易行为进行法律风险评估并提出整改意见等。

§1 法律尽职调查的内容

在各类法律尽职调查业务中，公司首发上市的尽职调查工作最为全面、严格，国家证券监管部门对此有明确的规定和要求。其他法律尽职调查业务相对于公司首发上市的尽职调查而言,通常都较为简单。现以公司首发上市中的法律尽职调查工作为例对法律尽职调查的内容做一介绍,其他法律尽职调查业务可参照如下内容并结合具体业务实际和相关规定加以调整。

根据我国《公司法》、《证券法》及中国证券监督管理委员会的相关规范性文件的规定,公司首发上市的法律尽职调查工作包括如下各项内容。

一、本次发行上市的批准和授权

批准是指发行人股东大会对董事会发行上市决议的批准,授权是指股东大会授权董事会办理本次发行上市事宜。尽职调查应首先查明发行人是否依照法律、法规及公司章程的规定,批准了董事会关于发行股票并上市的决议,是否已授权董事会办理本次股票发行并上市的具体事宜;还要查明上述批准和授权行为在实体问题和程序方面是否符合有关法律、法规、规范性文件以及公司章程的规定,是否真实有效等。

二、发行人发行股票的主体资格

发行人是否具备发行股票的主体资格,主要应从如下几个方面展开调查:

1. 发行人是否依法设立并合法存续的股份有限公司,是否存在依法应当终止的情形;
2. 发行人持续经营年限是否符合发行上市规定;
3. 发行人注册资本是否已经足额缴纳,其主要资产是否存在重大权属纠纷;
4. 发行人的生产经营是否符合法律和公司章程的规定,是否符合国家的产业政策;
5. 发行人的主营业务和董事、高级管理人员是否发生重大变化,实际控制人是否发生变更;
6. 发行人股权是否清晰,控股股东持有的股份及受实际控制人控制的股东所持股份是否存在重大权属纠纷。

三、本次发行上市的实质条件

发行人本次发行上市是否具备我国《公司法》、《中华人民共和国证券法》(以下简称《证券法》)规定的实质条件,包括:

1. 发行人是否具备运行良好的组织机构,是否具备持续盈利能力,财务状况是否良好,近三年是否有重大违法行为,发行人的营业收入、净利润、净资产、本次发行前股本额、本次拟发行股份的数额、种类及比例等是否符合相关法律、法规、规范性文件的规定;
2. 是否存在对发行人持续盈利能力构成重大不利影响的因素,发行人使用的商标、专利、非专利技术及特许经营权等是否存在重大不利风险;
3. 发行人与控股股东、实际控制人及其控制的其他企业之间是否存在同业竞争或存在严重影响公司独立性或显失公允的关联交易;
4. 发行人是否具有完善的公司治理结构,其财务会计及内控制度是否符合相关法律、法规及规范性文件的规定,是否由会计师事务所出具无保留意见的《审计报告》和《内控报告》;
5. 发行人的公司章程是否规定了对外担保、关联交易的审批权限和审议程序;

6. 发行人的董事、监事和高级管理人员是否具备法律规定的任职资格,是否了解股票发行上市的法律规定,是否知悉上市公司及其董事、监事和高级管理人员的法定义务和责任;

7. 发行人募集资金的用途是否符合法律、法规及规范性文件的相关规定等。

四、发行人的设立

1. 发行人设立的程序、资格、条件、方式等是否符合当时法律、法规和规范性文件的规定,并得到有关部门的批准。

2. 发行人设立过程中所签订的改制重组合同或发起人协议等是否符合有关法律、法规和规范性文件的规定,是否因此引起致发行人设立行为存在潜在纠纷。

3. 发行人设立过程中有关资产评估、验资等是否履行了必要程序,是否符合当时法律、法规和规范性文件的规定。

4. 发行人设立时是否召开了创立大会,发行人创立大会的程序及所议事项是否符合法律、法规和规范性文件的规定。

五、发行人的独立性

1. 发行人业务是否独立于股东单位及其他关联方。
2. 发行人的资产是否独立完整。
3. 如发行人属于生产经营企业,是否具有独立完整的供应、生产、销售系统。
4. 发行人的人员是否独立。
5. 发行人的机构是否独立。
6. 发行人的财务是否独立。
7. 概括说明发行人是否具有面向市场自主经营的能力。

六、发起人和股东(实际控制人)情况

1. 发起人或股东是否依法存续,是否具有法律、法规和规范性文件规定担任发起人或进行出资的资格。

2. 发行人的发起人或股东人数、住所、出资比例是否符合有关法律、法规和规范性文件的规定。

3. 发起人已投入发行人的资产的产权关系是否清晰,将上述资产投入发行人是否存在法律障碍。

4. 由有限责任公司整体变更为股份有限公司的,其资产的折股、权属的变更、手续的办理等是否符合法律、法规及规范性文件的规定。

5. 若发起人将其全资附属企业或其他企业先注销再以其资产折价入股,应说明发起人是否已通过履行必要的法律程序取得了上述资产的所有权,是否已征得相关债权人同意,对其原有债务的处置是否合法、合规、真实、有效。

6. 若发起人以在其他企业中的权益折价入股,是否已征得该企业其他出资人的同意,并已履行了相应的法律程序。

7. 发起人投入发行人的资产或权利的权属证书是否已由发起人转移给发行人,是否存

在法律障碍或风险。

七、发行人的股本及演变情况

1. 发行人由有限责任公司整体变更为股份有限公司的,其前身设立时的股权设置、股本结构是否符合当时的法律规定,其产权界定和确认是否存在重大法律纠纷风险;设立后历次股权变动和增资情况是否履行了公司章程规定的程序,是否办理了工商变更登记;历次股权变动及增资是否合法、合规、真实、有效等。

2. 发起人设立时的股权设置、股本结构及其设立后历次股权变动和增资情况是否合法、合规、真实、有效,是否依法办理了工商变更登记,产权界定和确认是否存在纠纷及纠纷风险。

3. 发起人所持股份是否存在质押、代持,如存在,说明质押的合法性及可能引致的风险或清理情况。

八、发行人的业务情况

1. 发行人的经营范围和经营方式是否符合有关法律、法规和规范性文件的规定。
2. 发行人是否在中国内地以外经营,如存在,应说明其经营的合法、合规、真实、有效。
3. 发行人的业务是否发生过变更,历次变更是否履行了公司章程规定的程序,是否取得主管部门必要的批准,是否办理了工商变更登记,历次经营范围的变更是否合法、合规、真实、有效。
4. 发行人主营业务是否突出,主营业务是否发生过变更。
5. 发行人是否具备持续经营能力和持续盈利能力,是否存在持续经营的法律障碍。

九、关联交易及同业竞争情况

1. 关联方一般包括持有发行人 5‰ 以上股份的股东,发行人的实际控制人,发行人控股的子公司,发行人控股股东控制的其他企业,发行人董事、监事、高级管理人员,发行人的实际控制人、董事、监事、高级管理人员关系密切的亲属等。
2. 常见的关联交易有:关联借款、关联担保、关联购销、关联劳务、关联项目转移、关联许可、关联租赁、关联代理、关联投资等。
3. 发行人是否存在关联方,如存在,说明发行人与关联方之间存在何种关联关系。
4. 发行人与关联方之间是否存在重大关联交易,如存在,应说明关联交易的内容、数量、金额以及关联交易的相对比重。
5. 上述关联交易价格和条件是否符合公允原则,是否损害发行人或其他股东利益。
6. 发行人是否在公司章程、议事规则或其他内部规定中规定了关联交易公允决策程序和关联方回避制度。
7. 发行人的控股股东和实际控制人与发行人之间是否存在同业竞争的情形,如存在,说明同业竞争的性质。
8. 控股股东和实际控制人是否采取有效措施避免同业竞争或做出避免同业竞争的书面承诺。
9. 发行人是否对有关关联交易和解决同业竞争的承诺或措施进行了充分披露,以及有无重大遗漏或重大隐瞒,如存在,说明对本次发行上市的影响。

十、发行人的主要财产情况

1. 发行人拥有的土地使用权及房产情况,说明权利人、证书编号、取得方式、坐落位置、面积大小等。
2. 发行人拥有的商标、专利、特许经营权等无形资产情况,说明权利名称、权利人、证书编号、专利号、使用类别、有效期限等。
3. 发行人拥有的主要生产经营设备及其他主要财产。
4. 上述财产是否存在产权纠纷或潜在纠纷,如有,应说明对本次发行上市的影响。
5. 发行人以何种方式取得上述财产的所有权或使用权,是否已取得完备的权属证书,若未取得,还需说明取得这些权属证书是否存在法律障碍。
6. 发行人对其主要财产的所有权或使用权的行使有无限制,是否存在担保或其他权利受到限制的情况。
7. 发行人有无租赁房屋、土地使用权等情况,如有,应说明租赁是否合法有效。

十一、发行人的重大债权债务情况

1. 发行人将要履行、正在履行以及虽已履行完毕但可能存在潜在纠纷的重大合同的合法性、有效性,是否存在潜在风险,如有风险和纠纷,应说明对本次发行上市的影响。
2. 上述合同的主体是否变更为发行人,合同履行是否存在法律障碍。
3. 发行人是否有因环境保护、知识产权、产品质量、劳动安全、人身权等原因产生的侵权之债,如有,应说明对本次发行上市的影响。
4. 发行人与关联方之间是否存在重大债权债务关系及相互提供担保的情况。
5. 发行人金额较大的其他应收、应付款是否因正常的生产经营活动发生,是否合法有效。

十二、发行人重大资产变化及收购兼并情况

1. 发行人设立至今有无合并、分立、增资扩股、减少注册资本、收购或出售资产等行为,如有,应说明是否符合当时法律、法规和规范性文件的规定,是否已履行必要的法律手续。
2. 发行人是否拟进行资产置换、资产剥离、资产出售或收购等行为,如拟进行,应说明其方式和法律依据,以及是否履行了必要的法律手续,是否对发行人发行上市的实质条件产生实质性影响。

十三、发行人章程的制定与修改情况

1. 发行人章程或章程草案的制定及近三年的修改是否已履行法定程序。
2. 发行人的章程或章程草案的内容是否符合现行法律、法规和规范性文件的规定。
3. 发行人的章程或章程草案是否按有关制定上市公司章程的规定起草或修订。如无法执行有关规定的,应说明理由。发行人已在香港或境外上市的,应说明是否符合到境外上市公司章程的有关规定。

十四、发行人股东大会、董事会、监事会议事规则及规范运作情况

1. 发行人是否具有健全的组织机构

发行人是否设有股东大会、董事会、监事会、总经理、财务负责人等,董事会组成是否包含独立董事以及独立董事的比例是否符合相关规定,董事会下设机构(如审计委员会、薪酬与考核委员会等)及董事会秘书的情况,发行人的行政经营机构的设置的情况(如办公室、人力资源部门、财务部门、采购部门、营销部门、技术部门、法务部门等)。

以上组织机构和职位的设立及任职人员是否符合法律、法规及规范性法律文件规定的条件和资格等。

2. 发行人是否具有健全的股东大会、董事会、监事会议事规则,该议事规则是否符合相关法律、法规和规范性文件的规定。

3. 发行人历次股东大会、董事会、监事会的召开、决议内容及签署是否合法、合规、真实、有效。

4. 发行人股东大会、董事会作出的历次重大决策或授权行为,是否履行了相关法律、公司章程及相关议事规则规定的决策程序,该重大决策和授权行为是否合法、合规、真实、有效。

十五、发行人董事、监事和高级管理人员及其变化情况

1. 发行人的董事、监事和高级管理人员的任职是否符合法律、法规和规范性文件以及公司章程的规定。

2. 上述人员在近三年是否发生过重大变化,若存在,应说明这种变化是否符合有关规定,履行了必要的法律程序及对上市的影响。

3. 发行人是否设立独立董事,其任职资格是否符合有关规定,其职权范围是否违反有关法律、法规和规范性文件的规定。

十六、发行人的税务情况

1. 发行人及其控股子公司执行的税种、税率是否符合现行法律、法规和规范性文件的要求。若发行人享受优惠政策、财政补贴等政策,该政策是否合法、合规、真实、有效。

2. 发行人近三年是否依法纳税,是否存在被税务部门处罚的情形。

十七、发行人的环境保护和产品质量、技术标准情况

1. 发行人的生产经营活动和拟投资项目是否符合有关环境保护的要求,有权部门是否出具意见。

2. 近三年是否因违反环境保护方面的法律、法规和规范性文件而被处罚。

3. 发行人的产品是否符合有关产品质量和技术监督标准。近三年是否因违反有关产品质量和技术监督方面的法律法规而受到处罚。

十八、发行人募股资金的运用情况

1. 发行人募股资金用于哪些项目,是否需要得到有关部门的批准或授权。如需要,应

说明是否已经得到批准或授权。

2. 若上述项目涉及与他人进行合作的,应说明是否已依法订立相关的合同,这些项目是否会导致同业竞争。

3. 如发行人是增资发行的,应说明前次募集资金的使用是否与原募集计划一致。如发行人改变前次募集资金的用途,应说明该改变是否依法定程序获得批准。

十九、发行人业务发展目标情况

1. 发行人业务发展目标与主营业务是否一致。

2. 发行人业务发展目标是否符合国家法律、法规和规范性文件的规定,是否存在潜在的法律风险。

二十、涉及发行人的诉讼、仲裁或行政处罚情况

1. 发行人、持有发行人5%以上(含5%)的主要股东(追溯至实际控制人)、发行人的控股公司是否存在尚未了结的或可预见的重大诉讼、仲裁及行政处罚案件。如存在,应说明对本次发行、上市的影响。

2. 发行人董事、监事、高级管理人员是否存在尚未了结的或可预见的重大诉讼、仲裁及行政处罚案件。如存在,应说明对发行人生产经营的影响。

3. 如上述案件存在,还应对案件的简要情况做出说明。

二十一、原定向募集公司增资发行的有关问题(如有)

1. 公司设立及内部职工股的设置是否得到合法批准。

2. 内部职工股是否按批准的比例、范围及方式发行。

3. 内部职工股首次及历次托管是否合法、合规、真实、有效。

4. 内部职工股的演变是否合法、合规、真实、有效。

5. 如内部职工股涉及违法违规行为,是否该行为已得到清理,批准内部职工股的部门是否出具对有关情况及对有关责任和潜在风险承担责任进行确认的文件。

二十二、发行人招股说明书法律风险的评价

律师事务所及尽职调查律师应参与发行人招股说明书的编制及讨论,并认真审阅招股说明书,特别对发行人引用法律意见书和律师工作报告相关内容更应特别注意,对发行人招股说明书及其摘要是否存在虚假记载、误导性陈述或重大遗漏引致的法律风险做出评价。

二十三、需要调查的其他问题

对发行上市有重大影响的其他法律问题,律师应当勤勉调查并发表法律意见。

§2 法律尽职调查的方法

一、书面调查

书面调查是指律师从目标公司获取书面调查材料的调查方式。搜集审查目标公司的文

件、证照等相关书面材料是书面调查的基本方法。从调查目的出发,通过对公司相关文件和证照的审查可以快速了解公司的设立情况、组织机构、运营情况、财产情况等各项信息。例如,通过审查目标公司设立时的政府批准文件、营业执照、公司章程、发起人协议、创立大会文件、评估报告、审计报告、验资报告、工商登记文件等资料即可基本了解目标公司的设立情况。必要时再走访相关政府部门和中介机构,核查目标公司的设立程序、工商注册登记情况的合法性和真实性。

具体操作方面,通常由律师根据公司情况和调查内容编制《法律尽职调查文件清单》提交目标公司,目标公司按照《法律尽职调查文件清单》的具体内容提供相关文件材料。所提供的文件材料一般应为原件,也可以是复印件,但复印件应加盖公司印章以确认与原件一致。律师应对复印件与原件加以核对以确保二者的一致性。《法律尽职调查文件清单》并无统一的格式,可根据尽职调查的任务、需要调查的具体内容、目标公司的具体情况以及相关办案规程而自行编制。本章后附有《法律尽职调查文件清单》范本,以供参考。

二、独立调查

独立调查是指律师从目标公司之外的第三方获取相关调查材料的调查方式。对于目标公司提供的相关文件材料,必要时应到相关部门去调查核实。另外,对于目标公司未提供的相关信息,也应到相关部门调查取证。例如,针对目标公司的基本情况,除了要求该公司提供文件材料之外,还应当到公司登记机关调查其所有登记资料,如公司设立资料、年检资料、变更资料等;又比如,对于目标公司是否存在重大违法违规行为,近期是否受过行政处罚等问题,除了目标公司提供的相关材料和声明之外,必要时应到工商、税务、环保等部门调查核实;再如,对于公司的不动产所有权状况、抵押情况、租赁情况等,必要时都应到相关登记机关查询、核实等。总之,法律尽职调查工作必须审慎而为,保证调查结果的真实性,在此基础上依法判断其合法性。独立调查应当尽量从第三方处获取书面调查材料,若无法获得书面材料的,应当对第三方的调查答复进行详细记录并由对方签字(如对方拒绝签字,可将相关情况如实记录)。

三、现场调查

现场调查是指律师对于调查涉及的不动产、动产等有形资产、运作体系进行观察以确认、核实相关事实。现场调查应当制作详细的调查记录。

四、询问调查

询问调查是指律师就相关事项询问被调查方,并由被调查方做出回复的调查方式。询问调查应当尽量采用书面形式,并要求被调查方盖章或签字确认。询问调查若采用口头形式的,律师应当对口头交流过程进行详细记录,并由被调查方签字或盖章确认,有条件的,可进行录制音像。

在书面调查、独立调查和现场调查都不适用或无法查证的情况下,可就相关情况对相关人员进行询问调查。例如,对目标董事会成员及其他高级管理人员是否在其他公司担任相关职位,或是否有同业竞争、委托持股等情况,可对相关人员进行询问,并由被询问人做出书面声明。

§3 撰写与编制尽职调查文件

一、尽职调查文件的种类

法律尽职调查的工作成果主要以各种尽职调查文件来体现。律师事务所进行一项法律尽职调查,通常都需要根据相关规定或当事人的约定出具相关法律文书,该等法律文书一般包括法律意见书、律师工作报告、律师工作底稿等。法律意见书主要针对各项调查内容从客观真实性、合法合规性及有效性等方面做出明确的结论性法律意见和建议;律师工作报告则应对法律意见书中的结论性意见进行详尽、完整地阐述或论证,说明履行尽职调查的情况,说明法律意见书中所发表意见或结论的依据、进行有关核查验证的过程以及所涉及的必要资料或文件等,对于无须展开详述的部分通常与法律意见书的表述保持一致;律师工作底稿则是支持法律意见书和律师工作报告的各种材料和论据汇编以及调查活动的相关说明和记录等。

现以某公司首发上市法律尽职调查中"发行人章程的制定与修改"问题为例,对法律意见书、律师工作报告及工作底稿的内容作一比较。

1. "发行人章程的制定与修改"问题在法律意见书中的表述参考如下:

……

十三、发行人章程的制定与修改

(一)章程近三年的制定与修改

根据公司提供的资料,并经本所律师核查,发行人设立时《公司章程》的制定及近三年的修改以及对《公司章程》进行修订而形成《公司章程(草案)》,均符合法定程序。

(二)章程的内容

根据公司提供的资料,并经本所律师核查,发行人现行有效的《公司章程》及为本次发行并上市之目的而制定的《公司章程(草案)》,其内容均符合《公司法》等现行有效的中国法律的规定。

(三)章程根据有关上市公司章程的规定所作修订

根据公司提供的资料,并经本所律师核查,发行人于二〇一〇年第一次临时股东大会审议通过了《公司章程(草案)》,该《公司章程(草案)》待发行人本次发行并上市之后生效。该《公司章程(草案)》符合《公司法》、《上市公司章程指引(2006年修订)》、《上市公司治理准则》、《上市公司股东大会规则》等法律、法规和规范性文件的规定。

……

2. 同样的问题,在律师工作报告中的表述则更为详尽,对比如下:

……

十三、发行人章程的制定与修改

(一)章程近三年的制订及修改程序

1. 2007年4月25日,公司全体股东签署了公司章程修正案,将公司注册资金由600万元人民币增至4,000万元人民币。

2. 2007年12月3日，发行人全体股东签署了公司章程修正案。将公司注册资本由人民币4,000万元增加至人民币44,444,444.00元，由新股东××××以现金人民币6,000万元向公司增资，其出资额为人民币4,444,444.00元，持有公司10%的股权。

3. 2008年4月18日，发行人创立大会暨第一次股东大会审议并通过了《××市××××技术股份有限公司章程》。

4. 2009年12月18日，发行人股东大会通过决议，对公司章程进行了修改。

5. 2010年1月12日，发行人召开二〇一〇年第一次临时股东大会，本次股东大会审议通过了《公司章程（草案）》，该《公司章程（草案）》系为本次发行并上市之目的对《公司章程》进行修订而成，待发行人本次发行并上市之后生效。

根据公司提供的资料，并经本所律师核查，发行人设立时《公司章程》的制定及近三年的修改以及对《公司章程》进行修订形成《公司章程（草案）》，均已履行法定程序。

（二）章程的内容

根据公司提供的资料，并经本所律师核查，发行人现行有效的《公司章程》及为本次发行并上市之目的而制定的《公司章程（草案）》，其内容均符合《公司法》等现行有效的中国法律规定。

（三）章程根据有关上市公司章程的规定所作修订

根据公司提供的资料，并经本所律师核查，发行人于二〇一〇年第一次临时股东大会审议通过了《公司章程（草案）》，该《公司章程（草案）》待发行人本次发行并上市之后生效。该《公司章程（草案）》系根据《公司法》、《上市公司章程指引（2006年修订）》、《上市公司治理准则》、《上市公司股东大会规则》等法律、法规和规范性文件的规定，对现行有效的《公司章程》修订而成。

……………

3. 与上述法律意见书及律师工作报告相对应，在工作底稿中，要留存如下文件：

（1）公司成立的《公司章程》；

（2）公司历次修改的《公司章程》及修正案；

（3）现行有效的《公司章程》；

（4）由现行《公司章程》修订而来的《公司章程（草案）》；

（5）有关公司章程制定、修改、修订的历次股东会、股东大会（含临时股东大会）会议记录及决议。

上述底稿如为复印件，须由公司盖章确认与原件一致，并由相关负责人签字。

二、法律意见书的撰写与制作

法律意见书是法律尽职调查的核心文件，是全部调查工作的总结，是律师向委托人出具的最终调查结论。法律意见书通常包括如下几个部分。

（一）封面与目录

封面内容一般包括法律意见书的名称（如：关于××××××股份有限公司首次公开发行的股票于深圳证券交易所上市的法律意见书）、文件编号、律师事务所名称及日期等信息。目录用以标明各部分内容的所在页码，便于查阅。根据法律意见书内容情况，该部分可有可无。

（二）致辞

致辞部分主要对本次法律尽职调查的委托人、委托事项、法律依据等进行简要说明。参考范本如下：

致：××××××股份有限公司

北京市××××律师事务所接受××××××股份有限公司的委托，担任其首次公开发行股票并上市的专项法律顾问，为发行人本次发行并上市出具本法律意见书。本所根据《中华人民共和国证券法》、《中华人民共和国公司法》、《首次公开发行股票并上市管理办法》、《深圳证券交易所股票上市规则》等有关法律、法规、规章和规范性文件的规定，按照律师行业公认的业务标准、道德规范和勤勉尽责精神，就发行人申请首次公开发行的股票于深圳证券交易所上市事宜出具本法律意见书。

（三）声明与释义

声明部分主要是对本次法律尽职调查的法律适用、事实依据、调查情况、法律意见书的效力范围及使用授权等方面做出声明，同时对法律意见书所载内容的真实性、完整性等做出保证。参考范本如下：

第一部分 律师声明事项

在本法律意见书的制作过程中，本所律师已按照中华人民共和国现行法律、法规（不含港、澳、台地区法律）和中国证券监督管理委员会的要求，对相关的所有文件资料进行审查判断，并审阅了本所律师认为所需的其他有关文件。

本所律师仅就与发行人本次上市有关法律问题发表意见，而不对有关会计、审计、资产评估、财务内部控制等非法律专业事项发表意见。本所律师在本法律意见书中对有关财务报告、审计报告、验资报告等专业报告中某些数据或结论的引述，并不意味着本所律师对这些数据、结论的真实性和准确性做出任何明示或默示的保证，且本所律师并不具备核查和评价这些数据或结论的适当资格。

本法律意见书的出具已得到发行人如下保证：

1. 发行人已向本所提供了为出具本法律意见书所必需的全部文件资料；

2. 发行人所提供的文件和材料是真实、准确、完整和有效的，并无隐瞒、误导和重大遗漏之处。

对于本法律意见书至关重要而又缺少直接证据证明的事项，本所律师依赖政府有关主管部门、发行人或其他有关单位出具的证明文件作出判断。

本所律师已严格履行法定职责，遵循了勤勉尽责和诚实信用原则，对发行人的行为以及本次上市申请的合法、合规、真实、有效进行了充分的核查验证，保证本法律意见书不存在虚假记载、误导性陈述及重大遗漏。

本法律意见书仅供发行人为本次上市之目的使用，不得用作任何其他目的。

本所律师同意发行人部分或全部在本次上市申请材料中自行引用或按照证券交易所的审核要求引用本法律意见书的内容，但发行人作上述引用时，不得因引用而导致法律上的歧义或曲解。

本所律师同意将本法律意见书作为发行人本次上市申请所必备的法律文件，随其他申报材料一同上报,并依法对所出具的法律意见承担相应的法律责任。

释义部分是对法律意见书中各种简称或简略语句的解释和界定,避免发生歧义。该部分根据具体调查内容和法律意见书的撰写需要而定,不是必要部分,如在法律意见书中不使用简称或虽然使用简称但在行文中已经说明的,可不必将释义内容单独列项。释义内容参考范本如下:

释　义

在本法律意见书中,除非文义另有所指,下列简称和词语具有以下含义:

发行人、公司	指	××××××××股份有限公司;
保荐人、主承销商、××证券	指	××证券股份有限公司;
亚宏	指	亚宏会计师事务所有限公司
本所	指	北京市××××律师事务所
证监会	指	中国证券监督管理委员会
《公司法》	指	2005年10月27日中华人民共和国第10届全国人民代表大会常务委员会第18次会议修订,自2006年1月1日施行的《中华人民共和国公司法》
《公司章程》	指	《××××××××股份有限公司章程》
……		

（四）正文

正文应按照调查内容分条目逐项发表法律意见,法律意见的内容必须在尽职调查的基础上据实做出。法律意见所用的语词应简洁明晰,不得使用"基本符合条件"或"除××以外,基本符合条件"一类的措辞。对不符合有关法律、法规和规范性文件的事项,或已勤勉尽责仍不能对其法律性质或其合法性做出准确判断的事项,律师应发表保留意见,并说明相应的理由。正文的最后,应综合各项调查内容,对受托调查事项做出结论性的法律意见。

正文参考范本如下:

第二部分　正　文

一、本次发行上市的批准和授权

（一）本次发行上市的批准和授权

发行人于2010年1月11日召开的2010年第一次临时股东大会已依法定程序做出批准本次发行上市的决议。

（二）发行人股东大会关于本次发行上市决议的合法有效性

经核查,发行人2010年第一次临时股东大会的召集、召开程序符合《公司法》等有关法律、法规、规范性文件以及《公司章程》的规定,此次股东大会的召集人和出席会议人员的资格合法有效,此次股东大会的表决程序、结果和决议内容合法有效。

（三）发行人股东大会授权董事会办理本次发行上市事宜的合法有效性

经核查,发行人2010年第一次临时股东大会决议中关于授权发行人董事会办理本次发行上市事宜的授权范围和程序符合有关法律、法规、规范性文件以及《公司章程》的规定,该等授权合法有效。

综上,本所律师认为,发行人本次发行上市已取得其股东大会合法有效的批准和授权,本次发行上市尚待获得中国证监会核准和深圳证券交易所审核同意。

二、发行人本次发行上市的主体资格

....

二十一、发行人招股说明书法律风险的评价

（一）本所律师未参与《招股说明书》及其摘要的制作，但参与了《招股说明书》及其摘要的讨论，并对其作了总括性的审阅，确认《招股说明书》及其摘要与本所出具的本法律意见书和律师工作报告无矛盾之处。

（二）本所及本所律师对发行人在《招股说明书》及其摘要中引用的本法律意见书和律师工作报告的内容无异议，确认《招股说明书》不致因上述内容而出现虚假记载、误导性陈述或重大遗漏。

二十二、结论性意见

本所律师认为，发行人本次发行上市符合《公司法》、《证券法》、《首次公开发行股票并上市管理办法》及其他有关法律、法规和规范性文件规定的首次公开发行股票并上市的实质条件，其本次发行上市不存在法律障碍。发行人本次发行上市尚待获得中国证监会核准和深圳证券交易所审核同意。

（五）签名盖章

法律意见书落款处应由律师事务所加盖印章，并由律师事务所负责人和经办律师签名，注明年月日等。

三、律师工作报告的撰写与制作

律师工作报告并不是法律尽职调查的必需文件，一般法律尽职调查只需出具法律意见书即可，并不需要单独撰写和制作律师工作报告。不过，在没有律师工作报告的情况下，法律意见书的撰写则要更为详尽和更为全面，除了对调查事项做出明确的法律意见之外，还需要对调查情况及调查结论进行阐述和说明，基本上相当于将律师工作报告的内容和功能并入法律意见书。在法律、法规或相关规范性文件对律师工作报告有明确规定时，或委托人有明确要求时，除了出具法律意见书之外，还需单独撰写和制作律师工作报告。律师工作报告通常包括如下几个部分。

（一）封面与目录

封面内容一般包括律师工作报告的名称、文件编号、律师事务所名称及日期等信息。目录用以标明各部分内容的所在页码，便于查阅。

（二）引言

律师工作报告除了封面、目录之外，其他内容分为两个部分：第一部分一般为引言，第二部分为正文。引言部分通常包括律师事务所及律师简介、制作法律意见书的过程、律师声明、释义等。

律师事务所简介主要是介绍律师事务所的成立时间、业务范围、经营规模等基本情况。律师介绍主要是对尽职调查的承办律师做一简要介绍，如律师姓名、律师证件编号、主要业务方向等。制作法律意见书的过程主要是简要说明尽职调查的经过。律师声明及释义部分基本与法律意见书相同。

（三）正文

律师工作报告的正文部分与法律意见书的正文在条目数量及向后排列顺序上完全一致,律师工作报告的每一个条目内容都是对法律意见书相应条目的细化、阐述、说明和论证。其正文条目与法律意见书的正文条目一一对应。

（四）签名盖章

律师工作报告落款处应由律师事务所加盖印章,并由律师事务所负责人和经办律师签名,注明年月日等。

四、律师工作底稿的编制

律师工作底稿是指律师在尽职调查过程中以及制作法律意见书和律师工作报告过程中形成的工作记录以及在工作中获取的所有文件、会议纪要、谈话记录等资料。律师在制作法律意见书和律师工作报告的同时,应及时、准确、真实地制作工作底稿,律师工作底稿的质量是判断律师是否勤勉尽责的重要依据。

律师工作底稿包括（但不限于）以下内容：

1. 律师承担项目的基本情况,包括委托单位名称、项目名称、制作项目的时间或期间、工作量统计。

2. 为制作法律意见书和律师工作报告制订的工作计划及其操作程序的记录。

3. 与目标公司设立及历史沿革有关的资料,如设立批准证书、营业执照、合同、章程等文件或变更文件的复印件。

4. 目标公司的重大合同、协议及其他重要文件和会议记录的摘要或副本。

5. 与目标公司及相关人员相互沟通情况的记录,目标公司提供资料的检查、调查访问记录、往来函件、现场勘察记录、查阅文件清单等相关的资料及详细说明。

6. 目标公司及相关人员的书面保证或声明书的复印件。

7. 对保留意见及疑难问题所作的说明。

8. 其他与出具法律意见书和律师工作报告相关的重要资料。

上述资料应注明来源,复印件应由相关组织或个人盖章、签名以确认与原件一致。凡涉及律师向有关当事人调查所作的记录,应由当事人和律师本人签名。

律师工作底稿的正式文本应由两名以上律师签名,其所在的律师事务所加盖公章,其内容应真实、完整、记录清晰,并标明索引编号及顺序号码,以方便核对和查询。律师工作底稿由律师事务所保存,保存期限根据相关规定或当事人协议确定,通常不少于10年。在保存期内,律师协会、司法行政部门、相关的政府机构等管理部门及当事人根据需要可随时检查或调阅工作底稿,但应做好保密工作,防止客户资料泄密。

附：

法律尽职调查文件清单

文件名称	已提供	现提供	待提供	不适用	备注
1　公司的设立					
1.1 公司设立的项目建议书或项目规划书					
1.2 政府部门对项目建议书的批复文件					
1.3 公司设立的可行性研究报告					
1.4 政府对可行性研究报告的批复文件					

续表

文件名称	已提供	现提供	待提供	不适用	备注
1.5 公司股东协议					
1.6 公司章程及其历次修改或补充					
1.7 政府部门对公司设立的批准文件					
1.8 资产评估报告及国资管理部门对评估报告的确认/备案/核准文件					
1.9 公司设立时颁发的营业执照及经过最近年检的营业执照；					
1.10 会计师事务所出具的验资报告					
1.11 公司与子公司投资关系结构图					
1.12 公司非独立法人分支机构的营业执照					
2 公司的股权情况					
2.1 公司的股东名册					
2.2 公司的股权结构图					
2.3 公司股东的身份证明文件					
2.4 股权质押或其他第三方权利文件（如股权质押协议、优先购买协议等）					
2.5 法院冻结、查封、拍卖公司股权的文件					
2.6 其他限制公司股权转让的文件					
3 股东会、董事会和经营管理					
3.1 公司以往各届及目前的董事会成员名单					
3.2 公司股东会、董事会历次会议记录和决议					
3.3 公司以往总经理和副总经理及其他高级管理人员名单					
3.4 公司的各项规章制度					
4 对外投资					
4.1 对外投资目标公司名单					
4.2 公司与上述投资目标公司之间的投资关系结构图					
4.3 上述投资目标公司的项目建议书及政府部门的相关批复文件					
4.4 上述投资目标公司的可行性研究报告及相关批复文件					
4.5 上述投资目标公司的股东协议、出资协议等					
4.6 上述投资目标公司最近工商年检的营业执照及历次变更的营业执照					
4.7 上述投资目标公司的章程及其所有修改或补充					
4.8 上述投资目标公司的验资报告					
5 房地产和其他固定资产					

续表

文件名称	已提供	现提供	待提供	不适用	备注
5.1 以出让方式获得的土地使用权					
（A）公司与国土管理部门签署的土地使用权出让合同					
（B）出让金支付收据					
（C）土地使用权证书					
5.2 以转让方式获得的土地使用权					
（A）转让方与国土管理部门签署的土地使用权出让合同					
（B）公司与转让方签订的土地使用权转让合同					
（C）土地转让费支付收据					
（D）土地使用权证书					
5.3 租用土地使用权					
（A）出租方与国土管理部门签署的土地使用权出让合同					
（B）出让金支付收据					
（C）出租方土地使用证					
（D）出租方与公司签署的土地使用权租用合同					
（E）土地使用权租用合同登记证明					
5.4 自建房屋					
（A）项目建议书					
（B）项目可行性研究报告					
（C）政府部门对项目的批复文件					
（D）建设用地规划许可证					
（E）建设工程规划许可证					
（F）施工许可证					
（G）竣工验收文件					
（H）房屋所有权证书					
5.5 购买房屋					
（A）房屋购买合同					
（B）土地使用权证书					
（C）房屋所有权证书					
5.6 租赁房屋					
（A）出租方有关租赁房屋的土地使用权证明					
（B）出租方的房屋所有权证书					
（C）房屋租赁协议					
（D）租赁费支付凭证					
（E）租赁合同登记证明					
5.7 在建工程					
（A）项目建议书					

续表

文件名称	已提供	现提供	待提供	不适用	备注
(B) 项目可行性研究报告					
(C) 政府部门对项目的批复文件					
(D) 建设用地规划许可证					
(E) 建设工程规划许可证					
(F) 施工许可证					
(G) 工程质量保证文件					
(H) 工程竣工验收文件					
5.8 登记手续尚未办理完毕的房地产权,请提供办理登记申请书及受理通知书等文件					
5.9 政府征用、拆迁、冻结、查封或以其他形式限制公司及子公司房地产权利的,请提供相关政府文件、行政决定、通知及司法文件等					
6 税务及海关					
6.1 税务登记证书(包括国税登记证、地税登记证)					
6.2 海关登记证书					
6.3 减免税的批文或证明					
6.4 欠税通知、欠税罚单					
6.5 税务机关进行的税务审计调查和与该审计有关的文件					
6.6 有关适用税种及其税率的说明					
7 劳动管理					
7.1 雇佣人数和外籍人员人数					
7.2 管理人员的劳动合同(标准文本)					
7.3 一般职工的劳动合同(标准文本)					
7.4 外籍人员的工作许可证、居住证					
7.5 员工保密协议					
7.6 员工持股计划或股权激励计划					
7.7 参加社会保险的情况说明及社会保险登记证					
7.8 近三年发生的重大意外事故及劳动纠纷的清单及其说明					
8 知识产权					
8.1 商标注册证(包括商标申请文件)					
8.2 商标使用许可合同及备案文件					
8.3 专利证书(包括专利申请文件)					
8.4 专利权使用许可协议					
8.5 专利年费交费证明					
8.6 专有技术使用许可协议					
8.7 著作权登记证书					

续表

文件名称	已提供	现提供	待提供	不适用	备注
8.8 著作权登记年费收据					
8.9 著作权使用许可协议					
8.10 域名登记证					
9 房地产以外的主要资产					
9.1 房地产以外的主要资产清单(车辆、机器设备及其他固定资产等)					
9.2 固定资产的所有权权属证明					
9.3 固定资产购置的文件或证明					
9.4 出租或租赁的固定资产的清单及租赁合同					
10 经营情况					
10.1 主要客户名单					
10.2 主要供应商名单					
10.3 主要销售/服务区域					
11 合同(正在履行及已订立合同将要履行的)					
11.1 建筑、装饰、装修等业务合同					
11.2 贷款合同					
11.3 租赁合同					
11.4 抵押合同					
11.5 担保合同					
11.6 许可合同					
11.7 保险合同或保险单					
11.8 资产销售或购买合同					
11.9 设备和原材料购买合同					
11.10 销售(分销)合同					
11.11 进出口合同					
11.12 产品加工合同					
11.13 技术转让合同					
11.14 将要履行或正在履行的其他合同					
12 财务和审计					
12.1 公司最近三年的财务报表及审计报告					
12.2 公司最新一期的资产负债表和损益表					
12.3 有关专项审计报告					
13 诉讼和仲裁					
13.1 已发生的、正在进行的或已有明显迹象表明可能要发生的诉讼、仲裁、行政处罚或者行政复议的说明及相关文件(包括但不限于该诉讼、仲裁、行政处罚和行政争议之判决、裁决、裁定、决定及其执行情况)					

续表

文件名称	已提供	现提供	待提供	不适用	备注
13.2 行政机关、司法机关的查封、冻结及其他强制执行措施相关文件					
13.3 任何与公司实际控制人有关的正在发生的刑事诉讼相关说明及文件					
14 环境保护					
14.1 所有项目建设和生产的环境影响报告、环境保护评估报告及环保部门的审批意见					
14.2 所有项目的污染物排放许可证及河道等其他与环保相关的部门同意设置排污口并排污的文件					
15 其他					
15.1 业务经营所需要的经营许可、相关资质证书、批准文件等					
15.2 其他重要的材料、信息等					

【注】1. 表中"已提供"表示在公司收到该《法律尽职调查文件清单》之前已经提供过的相关文件资料,本次调查不再重复提供,只在本栏相应的项目中打"√"即可;"现提供"是指应本次调查而提供的文件材料;"不适用"是指根据公司的性质、规模等具体情况以及本次尽职调查的内容而无需提供的文件材料。

2. 本《法律尽职调查文件清单》参考范本仅对调查公司基本情况所需文件资料分类列出,调查实践中应根据调查目的和工作需要进行补充或删减。

项目四　有限责任公司整体股改法律实务

通过本项目的实训,使学生具备实际参与有限责任公司股改的实务知识,掌握有限责任公司整体变更为股份有限公司的相关工作内容,能够撰写公司改制相关文书表格,学会处理有限责任公司股改过程中的相关法律事务,最终学到实际操作公司股改业务的基本技能。

一、实训案例

河北××有限责任公司于1999年9月开业,注册资本为10,500万元人民币,是一家集购物、餐饮、娱乐、休闲为一体的大型综合性商务中心,主要经营范围包括商业零售、出租写字间、客房和柜台出租。

2000年前后,该公司连续几年保持持续、稳定、高速的发展,曾为全省乃至全国零售百货业的一面旗帜。目前,商场的营业面积约为6.1万平方米,写字楼的建筑面积约为6.5万平方米。2008年,公司的总资产为75,994万元,净资产为27,293.69万元,营业收入为79,273.17万元,净利润为3,611.79万元。

该公司坚持持续创新,先后经历了多次调整,如2006年成功实施了楼层经营品类的基础性调整,2007年的装修大调整,2008年的品牌优化及经营调整,2009年经营规模和布局调整。经过大规模的调整和重新组合后,公司设立了鞋帽城、化妆品城、珠宝城、内衣城、儿童城等专业卖场。

近几年该公司营业收入持续快速增长,截至2010年年底营业收入为13.7亿元,但随着商业竞争的日趋激烈,公司单店经营的劣势日趋显现,要想在该市获得更大的发展,势必要扩大经营规模,展开连锁经营,提高竞争优势,因此,该公司考虑整体股改为股份有限公司,同时也为将来的上市做好准备。

二、工作任务

1. 查阅相关法律规定,明确成立股份有限公司的条件。
2. 查询相关法律规定,熟知改制过程中所需要注意的法律风险。
3. 根据本实训案例的要求,落实有限责任公司改制为股份有限公司的详细步骤。
4. 查询相关资料,整理改制过程中所需的各种手续和表格。
5. 按计划逐步实施公司改制的全部程序。

三、分组操作

根据班级人数和实训目标的需要,将学生分为若干个实训小组。要求每个小组独立完成实训任务,自行搜集、查阅相关法律、法规、行政规章等,并到工商、税务等各相关部门咨询学习,充分了解实务操作规程。

各组成员应结合实训案例分别担任董事会、股东、中介公司、改制律师等角色,教师在必要时给予提示、指导或帮助。主要是让学生独立操作任务,通过亲身参与案例的实际操作方式,使学生能够更直接、更感性地来获得技能训练。

四、操作提示

实训过程中,凡是涉及有关行政部门的手续,都应实地前往咨询。如到工商局咨询公司变更形式、成立股份公司所需条件等事宜,到税务局咨询公司改制过程中涉及的税务事宜,到技术监督局办理组织机构代码证相关事宜等。以此来增强实训过程的现场效果,同时获得现实可用的实务知识,增加实践经验和感性积累。本实训案例的操作中需注意现金出资、实物出资的处理,注意区分有形资产和无形资产,明确无形资产的评估方式,注意改制后债权债务如何承继的问题。

五、评议考核

分组操作环节完成后,由各组汇报本组操作过程和任务完成情况,并做出自我评价;教师组织各组互相评议,取长补短;最后教师对各组的任务完成情况进行比较、点评、总结,并逐一给出考核成绩。

考核要点:
1. 公司形式变更需要的批准和授权程序;
2. 《公司法》关于设立股份有限公司的要求;
3. 各类文件的起草、制作是否符合法律要求;
4. 关于本案改制程序的操作设计是否规范。

§1 有限责任公司股改的筹备

根据我国《公司法》第三十八条第一款第(九)项及第二款的规定,对公司合并、分立、解散、清算或者变更公司形式的,应当由股东会作出决议。如果所有股东对公司合并、分立、解散、清算或者变更公司形式以书面形式一致表示同意,也可以不召开股东会会议,直接作出决定,并由全体股东在决定文件上签名、盖章。由此可见,对公司合并、分立、解散、清算或者变更公司形式的,除非全体股东以书面的形式表示同意,否则,就必须召开股东会,并由股东会作出决议。因此,有限责任公司的改制,第一步通常是按照《公司法》与公司章程的规定召开股东会,讨论公司改制事项,并依法作出有关公司改制的股东会决议。

一、股东会审议通过股改议案

公司整体变更时,应当首先由公司董事会或执行董事拟定出变更公司形式的议案,将公司变更的目标、依据及其他问题作出初步的规划和设计,然后将拟定好的公司改制议案草案提交所有股东,并提请所有股东就该议案草案进行审议。所有股东应当就公司改制议案进行讨论,并作出相应决议。一般来说,股东会或者所有股东应当就以下事项进行审议并作出决议:

1. 同意将公司由有限责任公司整体变更为股份有限公司;
2. 同意有限责任公司登记在册的现有股东作为发起人,并以其各自在公司注册资本所占的比例对应折为各自所占股份公司股份的比例;
3. 同意成立股份有限公司筹备委员会(或筹备小组)。

由于公司整体股份化改制是公司的重大事宜,对上述议案审议后,根据我国《公司法》和公司章程所规定的议事方式和表决程序,就上述事项作出决议,而且该决议必须经代表 2/3 以上表决权的股东通过。

二、股东会审议决定委托中介机构的议案

有限责任公司的整体股改过程实际上是原有限公司的解散和新股份公司的设立过程。这样一来,在对原有限公司进行整体股改前,就必须按照《公司法》和公司章程的有关规定,委托中介机构对公司成立以来整体运营的合法性、企业业务现状和公司发展前景,进行全面调查、审计和评估,并出具法律效力的法律意见书或律师工作报告、审计报告、资产评估报告等,还要对公司股本及各发起人出资进行验资,并提供验资证明或验资报告等文件。因此,就需要聘请律师事务所、会计师事务所、资产评估机构等中介机构参与到公司改制的过程之中。律师事务所、会计师事务所、资产评估机构等中介机构的聘请,应当由股东会审议并决定。公司在聘请中介机构时,应重点考虑中介机构的从业资格、从业年限、擅长领域、机构人数等,经过慎重考察,确定本次改制的各中介机构,然后由公司与其签署委托协议或相关合同,正式建立法律关系。

三、确定评估和审计基准日

股改需要聘请合法中介机构对公司进行资产清查、报表审计、资产评估,确定公司的资产价值,以此为基础再对企业相关资产、业务、人员等进行重组,最终完成股改。由于这一系列的工作都需要长短不同的期限,而公司的资产、业务等又在不断变化中,因此,要确定一个日期作为基准日,一切以该日期的实际情况进行审计、评估,并以审计结果作为公司整体变更为股份公司的依据,资产评估机构以该日期为准出具《资产评估报告》,审计机构也以该日期为基准出具《审计报告》等;律师事务所也以基准日为标准出具法律意见书。董事会通过审定各种报告,拟定整体股改草案,确定股份有限公司的股本。因此股东会应将确定基准日作为一项议题,加以讨论确定。

四、审议变更后的公司拟定名称

有限责任公司整体改为股份有限公司后,公司的名称也应做相应的改变。股东会应对

拟设立的股份有限公司的名称达成一致意见。为了避免工商登记时出现公司名称与他人公司重名,在确定一个主名称的同时,还可以同时确定一至两个备用名称,并在会议后及时委托代理人员办理预先核准。

根据《公司登记管理条例》第十五条规定,设立股份有限公司,应当由全体发起人指定的代表或者共同委托的代理人向公司登记机关申请名称预先核准。申请名称预先核准,应当提交下列文件:(1)有限责任公司的全体股东或者股份有限公司的全体发起人签署的公司名称预先核准申请书;(2)股东或者发起人的法人资格证明或者自然人的身份证明;(3)公司登记机关要求提交的其他文件。公司在设立或者改制过程中,需要用公司的名称进行制作公司设立文书等设立行为,为了避免与已有的公司名称发生混淆或者不规范而带来的麻烦,公司在办理设立或改制登记之前,应当预先向公司的登记注册机关申报公司的名称,由登记机关进行审核,审核之后向申请人送达《公司名称预先核准通知书》。之后,公司设立或改制的一系列活动和文件中,均可以使用该名称。

五、成立股份有限公司筹备委员会并授权其处理公司整体股改事宜

依据股东会决议内容,成立股份有限公司筹备委员会或筹备小组。该筹备委员会或筹备小组成员一般包括财务、法律、技术等方面骨干,全面负责改制工作并且不定期召开会议,就改制过程中遇到的有关问题进行商讨,必要时还应提请董事会决定。筹备委员会具体负责以下工作:

1. 研究拟订整体股改方案;
2. 聘请有关中介机构,并与中介机构洽商相关工作;
3. 整理和准备公司有关的文件和资料;
4. 召集中介机构协调会,提供中介机构所要求的各种文件和资料,回答中介机构提出的问题;
5. 拟定股改的有关文件;
6. 向政府主管部门申报文件或备案,取得政府批文;
7. 联络发起人;
8. 办理股份有限公司设立等具体工作。

六、股东会决议参考范本

河北××××有限公司股东会决议

会议日期:_____年_____月_____日

会议地址:_____

召集人:_____

主持人:_____

应到股东_____名,实际到会股东_____名,代表全体股东_____%股权。

本次会议根据公司的经营发展需要,以及《公司法》和公司章程的相关规定,全体股东会对公司改制的相关事宜达成决议如下:

1. 同意河北××××有限责任公司将整体变更为股份有限公司;
2. 同意改制后公司名称为:河北××××股份有限公司;

3. 河北××××股份有限公司采取发起方式设立,由发起人认购全部股份,全体股东一致同意由_____、_____、_____、_____、_____为河北××××股份有限公司的发起人;

4. 河北××××有限公司的股份制改造的相关事宜以及河北××××股份有限公司的筹办事务全部由发起人负责;

5. 同意委托×××××会计师事务所、××××××资产评估事务所、××××××律师事务所办理河北××有限公司的股份制改造的审计、验资、资产评估、法律服务等相关事宜;

6. 确定××××年××月××日为评估和审计基准日。

以上决议公司全体股东一致通过。

全体股东签字(盖章):

法人(盖章):_____   法人(盖章):_____
法定代表人(签字):_____   法定代表人(签字):_____
_____年_____月_____日   _____年_____月_____日

法人(盖章):_____   法人(盖章):_____
法定代表人(签字):_____   法定代表人(签字):_____
_____年_____月_____日   _____年_____月_____日

自然人(签字):_____
_____年_____月_____日

§2 股改工作的开展

一、聘请、委托中介机构

股份有限公司筹备委员会接受股东会的委托具体办理聘请、委托资产评估机构、审计机构和律师事务所等事宜,并根据需要配合各中介机构完成资产评估、审计、法律尽职调查等各项工作,取得资产评估报告、审计报告和法律意见书等。

(一)聘请资产评估机构

资产评估关系到能否对公司存量资产进行一个正确的评价和估算,从而准确合理地维护股东与公司自身的合法权益。在有限责任公司股改过程中,资产评估往往涉及对公司普通资产、土地使用权、商标权、专利权等知识产权等非货币资产的评估,因此在聘请评估机构时需要注意拟聘评估机构的相应资质。以首发上市为目的的股改,还需要注意评估机构是否具有证券从业资格等。

(二)聘请验资、审计机构

股改中的财务问题是最重要的问题之一,股东的出资情况、公司的资产情况、公司近几年经营业绩及利润情况、债权债务情况、公司的内控制度、财务会计制度等各个方面都离不开验资、审计机构的工作。聘请、委托有相应资质的验资、审计机构对公司财务状况出具验资报告和审计报告,是有限责任公司股改的核心工作之一。以首发上市(IPO)为目的的股改,还需要注意拟聘审计机构是否具有证券从业资格等。

(三)聘请法律服务机构

聘请拥有一定股改经验的律师事务所作为法律顾问,对有限责任公司股改过程中的有关法律问题进行指导,保证整个工作的合法性。律师事务所在公司改制阶段的主要工作是拟写各类法律文件、重大合约、公司章程,审查其合理性及合法性,通过尽职调查出具法律意见书等。对有限责任公司的股份制改造的尽职调查通常涉及如下相关问题。

1. 公司基本情况

公司基本情况包括公司现在的工商营业执照、工商登记中的变更情况以及公司章程等。

2. 公司设立手续的合法性

现公司成立时的工商注册资料,包括出资方式是否合法,是否全部到位,实物出资是否进行了审计和评估,如果出资还包括无形资产,无形资产出资是否履行了必要的评估、技术认定手续等。

3. 公司股本形成过程的合法性

在公司成立以后,是否有增资扩股、股权转让、股东变更等情况,如有,相关的变更手续如各种决议、验资报告、工商变更登记等是否齐备。

4. 公司组织架构

公司组织架构包括公司分公司、全资子公司、联营企业等。

5. 公司股东、董事会成员情况

公司股东、董事会成员情况包括公司股东名册,公司设立时及历次公司股权结构变更时的股东;现有董事会成员及董事会成员历次变更情况。

6. 公司资产状况

公司资产状况包括拥有土地使用权的法律文件、租赁的土地、租赁的房产、购置的房产,土地和房产的抵押、担保情况。

公司的无形资产如商标、专利、专有技术、特许经营权的所有情况及相关证书和手续,无形资产的抵押、担保情况及相关手续。

7. 公司现运营项目情况

公司现运营项目情况是指公司目前有正在运营哪些主要项目,各项目的基本情况,项目所涉内容是否属于本公司的主营业务,项目相对方基本情况,项目所处的阶段,预计盈亏情况,对当前股改的影响等。

8. 公司财务相关资料

公司财务相关资料包括会计报表、税务登记证书、纳税申报表、完税情况、近期税务稽查报告等。

公司要与这些中介机构分别签订服务协议,明确各自的权利和义务。以上市或新三板挂牌为目的的改制还要聘请有资质的证券公司作为主办券商,负责上市或挂牌辅导,推荐挂牌或上市。

二、编制改制方案

(一)改制方案的编制

根据我国《公司法》第四十七条第一款第(七)项的规定,董事会对股东会负责,行使下列职权:制订公司合并、分立、解散或者变更公司形式的方案。有限责任公司整体变更为股份有限公司直接关系到公司原有股东、职工的切身利益,涉及公司资产、债权债务、公司组织结构等各种复杂问题,所以说,公司改制是一个系统复杂的工程,决不可轻率行事,否则,就会导致公司改制的失败。为此,公司改制要首先制订改制方案。聘请的各中介机构共同讨论改制方案,包括发起人及其出资方式的确定、股本结构设置、财务审计、资产评估、财务制度建立、资产处置(包括土地使用权的处置、商标使用权的处置等)、人事劳资制度建立等。公司整体变更方案一般应当包括下列内容:

1. 变更企业的基本情况(如企业简况、企业财务状况等);
2. 变更的必要性和可行性;
3. 变更后的公司名称、注册资本和经营范围;
4. 变更的方式;
5. 将原有限责任公司股东的投资份额转换成股份有限公司股份的方式和依据以及发起人的姓名、出资方式、持股数额及持股比例;
6. 变更后的职工情况;
7. 变更公司章程的声明;
8. 有关公司变更的其他条款。公司改制方案,由董事会或执行董事制订,提交股东大会通过。

(二) 改制方案需要注意的问题

由于有限责任公司改制方案是改制的具体操作依据,所以说,改制方案科学与否是公司改制成败的关键。为此,公司应当根据自身的实际情况,结合有关的法律、法规、和政策的规定,制订切实可行的公司改制方案,以利于改制的顺利实施,取得预期效果,达到促进公司发展的目的。所以在设计改制方案时要考虑到以下几个具体问题。

1. 改制方式上考虑的问题

有限责任公司改制成股份有限公司的目的是使公司符合上市的条件,最终能在证券市场上公开发行股票。根据《首次公开发行股票并上市管理办法》的规定,拟上市公司需要有三年的盈利记录。这就要求考虑把有限责任公司业绩计算为成立后的股份有限公司的业绩,《首次公开发行股票并上市管理办法》第九条第二款规定:"有限责任公司按原账面净资产值折股整体变成为股份有限公司的,持续经营时间可以从有限责任公司成立之日起计算。"《首次公开发行股票并上市管理办法》第十二条规定:"发行人最近3年内主营业务和董事、高级管理人员没有发生重大变化,实际控制人没有发生变更。"所以,在制订改制方案时要注意考虑。首先,有限责任公司按原账面净资产值折股整体变更为股份有限公司。其次,公司最近3年内主营业务和董事、高级管理人员没有发生重大变化,实际控制人没有发生变更。

2. 有限责任公司净资产额折股问题

首先,《公司法》第九十六条规定:有限责任公司变更为股份有限公司时,折合的实收股本总额不得高于公司净资产额。这就出现了"将有限公司净资产额折合为股份有限公司股本"(以下简称"折股")的概念。所以变更后股份有限公司的注册资本额由有限责任公司的注册资本额决定。根据《公司法》的强制性规定及改制的目的,有限责任公司整体变更为股份有限公司过程中,考虑到业绩连续计算的问题,注意整体变更后不仅要符合股份有限公司的条件,还要符合发行上市的条件。其次,关于股权结构,避免出现股权过于集中、股东人数过少等情况。有限责任公司整体变更为股份有限公司仅仅是公司形态的变化,因此,除国务院批准采取募集方式外,在变更时不能增加新股东。所以在整体变更前可以对有限责任公司进行适当调整。调整时需注意不能影响公司连续计算经营时间(业绩),如不发生主营业务的重大变化,董事、高级管理人员不发生重大变化,实际控制人不发生变更等,有利于公司业务的开展和市场拓展,对公司业务和生产经营能产生协同效应。筹集的资金规模适当,如果新投资者以资产折股出资,其规模也应适当。

3. 资产重组问题

有限责任公司整体变更为股份有限公司前,仍可适当进行重组以达到剥离非经营性资产、避免同业竞争、完善公司独立性等目的。改制重组应注意:第一,避免关联交易和同业竞争;第二,改制方案设计时要注意取舍,做到主营业务突出。如果项目所述公司以商品零售为主要经营业务,那么,改制后依然以此业务为主导,主营业务突出是未来公开发行股票吸引投资者的关键,也是股份公司公开发行股票成功的关键。

4. 公司董事、监事、高级管理人员的选任问题

在实施改制方案时应由律师对公司董事、监事、高级管理人员的遴选提出法律建议,包括董事、监事及高级管理人员的组成情况、任职资格及兼职限制等。

三、股东会审议改制方案

(一)董事会确认评估报告和审计报告并审议改制方案

董事会会议的召开应当按照《公司法》和公司章程所规定的议事规程和程序进行。在确认评估和审计报告时,可能需要召开临时董事会会议。按照《公司法》规定,临时董事会会议的召开,应当至少提前5日通知全体董事。董事会会议应当按照相关程序和规制审议《公司整体变更为股份有限公司的变更方案》,确认《评估报告》、《审计报告》并决定提请召开临时股东会审议通过上述议案等。

(二)股东会审议通过改制方案

召开股东会或临时股东会,审议改制具体方案。召开临时股东会的,至少提前15日通知全体股东,股东会应审议并通过《公司整体变更为股份有限公司的变更方案》、《资产评估报告》、《审计报告》,其中《公司整体变更为股份有限公司的变更方案》必须经代表2/3以上表决权的股东通过。

四、签订发起人协议

发起人协议是公司改制的启动性文件,也是有限责任公司改制为股份制公司必备的法律文件。在性质上属于民事合伙协议,且为要式法律文件。股份有限公司的设立人为全体发起人。根据我国《公司法》第七十九条的规定,设立股份有限公司,应当有二人以上二百人以下为发起人,其中须有半数以上的发起人在中国境内有住所。如果拟改制的有限责任公司现有股东人数符合该要求,则可以直接由现有股东以公司资产发起设立;如果现有股东不足或现有股东有不愿意参加本次发起设立的,则应引入新的股东作为发起人,由现有股东向其转让部分股权,对公司股权结构进行改组,然后由改组后的股东以公司资产共同发起设立股份有限公司。

发起人协议参考范本如下:

××××股份有限公司发起人协议(发起设立)

甲方:_____
乙方:_____
丙方:_____
丁方:_____
戊方:_____

根据《中华人民共和国公司法》及有关法律、法规的规定,_____有限责任公司(以下简称有限责任公司)拟变更公司类型,由有限责任公司变更为股份有限公司;

本协议各方自愿以其已拥有的有限责任公司的股权,认购股份有限公司的发起人股份。

为了规范股份公司的设立行为,明确协议各方的权利和义务,经协商,本协议各方同意共同发起设立××××股份有限公司,并达成发起人协议如下,以资共同遵守。

第一条 甲、乙、丙、丁、戊等5人为××××股份有限公司发起人。

第二条 一致推举_____为发起人代表,一致同意××××股份有限公司章程(草案)。

第三条 在_____企业(某地址)设发起人办公室,由_____企业指派代表任办公室主任。

第四条 ××××股份有限公司的经营范围为:

1. 主营:商业零售;出租写字间、客房和柜台。
2. 兼营:餐饮、娱乐、休闲。

第五条 ××××股份有限公司的资本总额为_____元,股份总额为_____股,每股面值_____元,每股发行价_____元。

第六条 ××××股份有限公司采取发起人方式设立,由发起人认购全部股份,各发起人认购比例如下:

发起人_____以企业净资产折价_____元,折合_____股,占公司总股份_____%;

发起人_____认购_____股,占公司总股份的_____%;

发起人_____认购_____股,占公司总股份的_____%;

发起人_____认购_____股,占公司总股份的_____%;

发起人_____认购_____股,占公司总股份的_____%。

第七条 ××××股份有限公司的设立费用为_____元,设立费用_____垫付(或者由全体发起人平均垫付、由发起人按比例垫付)。

公司成立后,计入公司开办费。

第八条 同意发起人(_____、_____、_____等)以实物出资,出资标的为_____设备(工业产权、非专利技术、土地使用权),同意_____评估师将标的折价_____元,折合股份_____股。

第九条 发起人一致确认下列责任条款:

(1)对届期无人认购之股份负连带认购责任(_____例外);

(2) 对届期未缴纳之股金负连带缴纳责任(_____例外);

(3) 对现物出资估价高于最后审定价格之差负连带补缴责任(_____例外);

(4) 公司不成立时,设立费用由_____负担(由发起人平均负担、由发起人按比例负担);

(5) 公司不成立时,对认股人负连带退款责任;

(6) 公司不成立时,对设立公司造成债务负连带偿还责任;

(7) 由于发起人过失致使公司财产受损,负赔偿责任(_____例外)。

第十条 发起人负责××××有限公司股份化改制的一切事宜。具体分工如下:

(1) 发起人_____负责设计股份制改造方案(包括公司的股权重组方案、资产和财务重组方案、内部治理机构的调整方案等);

(2) 发起人_____负责拟设股份有限公司的章程、创立大会股东会决议的起草;

(3) 发起人_____负责代理股份制改造中可能涉及的股权转让见证事宜;

(4) 发起人_____负责联合中介机构提供股份制改造中的法律意见书、会计师事务所评估报告、验资报告等法律文件;

(5) 发起人_____负责代理股份制改造中可能涉及的相关工商变更登记事宜;发起人_____负责全部事务,其他发起人予以配合(_____负责_____事务、_____负责_____事务……)。

第十一条 本协议未尽事项,由发起人协商解决。本协议自签字之日起生效。违反本协议的发起人,对其他发起人负损害赔偿责任。

第十二条 本协议自各方签字、盖章之日起生效。本协议正本_____份,甲、乙、丙、丁、戊、己等各方各执一份,其余用以办理有关报批及变更登记手续,各文本具有同等法律效力。

发起人签名盖章:

甲方(盖章):_____
法定代表人(签字):_____
_____年_____月_____日

乙方(盖章):_____
法定代表人(签字):_____
_____年_____月_____日

丙方(盖章):_____
法定代表人(签字):_____
_____年_____月_____日

丁方(盖章):_____
法定代表人(签字):_____
_____年_____月_____日

戊方(盖章):_____
法定代表人(签字):_____
_____年_____月_____日

五、变更《公司章程》

《公司章程》不仅是公司设立的必备要件,公司变更的许多程序都需要在章程中予以体现。根据公司变更的具体情况及时修改《公司章程》是变更后得以正常运行的基本准则。同时《公司章程》也是制定公司其他规章制度的重要依据。变更《公司章程》是公司组织形式变更的必须程序。我国《公司法》第四十四条把《公司章程》的变更规定为公司特别决议事项，即《公司章程》的变更必须经代表 2/3 以上表决权的股东通过，并经公司登记机关审查登记后，章程的变更才发生法律效力。因此，在有限责任公司整体股改过程中要对原有限责任公司的章程依照股份有限公司章程的要求并结合拟设立股份公司的具体情况予以修改，并在股份有限公司设立时一并报公司登记机关审查备案。

六、改制前后的债权债务承担

公司的整体变更，仅仅是公司形式的变更，其法人主体资格并没有中断，具有前后的一致性，因此，原有限责任公司整体变更为股份有限公司后，原有限责任公司的债权、债务由变更后的股份有限公司概括继承，属于法定承继，无需公告取得债权人同意。

七、出资和验资

有限责任公司整体变更为股份有限公司时，发起人书面认足公司章程规定的其认缴的股份；一次缴纳的，应当缴纳全部出资；分期缴纳的应当缴纳首期出资。以实物、工业产权、非专利技术或土地使用权等非货币性资产出资的，必须对这些财产或者权利进行评估估价，以抵作股款，并且应当依法办理转移财产权的法定手续，将财产权由发起人转归股份有限公司所有。发起人认购全部股份后，由验资机构进行验资，并出具验资证明。缴纳股款后应经会计师验资确认并出具验资报告。验资证明是会计师事务所等具有验资资格的机构出具的证明资金真实性的文件。依照《公司法》规定，公司的注册资本必须经法定的验资机构出具验资证明，验资机构出具的验资证明是表明公司注册资本数额的合法证明。验资机构出具的验资报告，连同验资证明材料及其他附件，一并交与委托人，作为申请注册资本的依据。

认购承诺书及验资证明参考范本如下：

发起人认购承诺书
（现物出资）

发起人代表甲：

我（单位）作为_____股份有限公司的发起人，以现物出资方式认购该公司记名普通股_____股，每股面值_____元，每股发行价格_____元，认购总价额_____元。

出资标的为_____设备一套（或者其他权利），经_____资产评估所评估，发起人协议认可，上述出资标的折价_____元，折股_____股。我（单位）对折价、折股表示同意。

特此承诺。

出资标的的详情见出资清单。

此致
敬意

发起人（签名盖章）
年　月　日

联系人：

联系地址：

邮编：

电话：

传真：

××××股份有限公司验资证明

致××××股份有限公司：

  本所接受贵公司委托，对贵公司于发起设立时发起人出资及设立费用进行验证。我所接受委托后，于_____年____月____日派出有验资、资产评估资格的会计师_____人，进行验证。经办人员根据《公司法》及《注册会计师查账验证规则》、《注册会计师检查验证会计报表规则》、《关于资产评估报告书的规范意见》等法规，查验了公司章程(草案)、发起人协议书、发起人认购清单、股款收据存根、银行进账单等文件，实地鉴定了_____发起人的现物出资标的_____成套设备，_____年____月____日查验结束。现将查验结果报告如下：

  一、关于现金股款缴纳

  根据贵公司章程规定，公司于设立时发行股份总数_____股，每股面值_____元，每股发行价也是_____元(平价发行)。

  股份总数中，_____股为现金股，应收股款_____元。现金出资发起人为：

序号	姓名或名称	认购股份数(股)	股款(元)
1			
2			
……			

  根据发起人协议第____条规定，上述出资人应于_____年____月____日前将股款交发起人事务所，发起人事务所于_____年____月____日前将股款存入_____银行____支行____分理处。经查验发起人事务所收据存款，证明上述发起人于_____年____月____日前已全部足够缴纳了股款。经查验上述银行进账单及存折(账号_____)，证明发起人事务所已将上述股款_____元于_____年____月____日前存入银行。

  本所证明，贵公司____元现金股款已足额缴纳。

  二、关于现物出资交付

  根据贵公司发起人协议，发起人_____以一套_____设备作为出资标的，折价____元，折股____股。出资人应于_____年____月____日前将出资标的交发起人事务所。

  经查验，发起人_____已在____年____月____日将_____成套设备交付发起人事务所，发起人事务所开具了收据。我们与_____设备专家一起，对_____成套设备进行了实地评估。评估结果为，该设备于评估基准日(_____年____月____日)的价值为_____元，与发起人评估结果一致。证明发起人会议折股_____股是合理的。

  三、关于设立费用

  根据贵公司发起人协议，公司设立费用预定_____元，由发起人A垫付，公司成立后计入开办费，由公司偿还A。

我们查验了发起人事务所保存的费用支出清单及有关票证、合同等,公司支出费用如下表:

项目	预定金额(元)	实际支出金额(元)	差(溢)额(元)
房屋租赁费			
工作人员报酬			
会议费			
办公用品费			
通讯交通费			
广告宣传费			
其他杂费			
总计			

查验结果证明,所支出费用均为设立公司所必需,实际支出金额未超出预定金额。结余金额_____元已退还发起人_____。应计入公司开办费金额为_____元。

我们确认以上数据无误。

特此证明

会计师事务所:(章)
经办注册会计师:(签名盖章)
_____年___月___日

§3 股改工作的完成

一、召开股份有限公司创立大会

发起人自股款缴足之日起三十日内召开股份公司创立大会。创立大会由代表过半数股份的发起人、认股人出席。创立大会行使下列职权:

1. 审议发起人关于公司筹办情况的报告;
2. 审议通过公司章程;
3. 选举董事会成员、监事会成员;
4. 对公司设立费用进行审核;
5. 对抵作股款的财产作价进行审核;
6. 对有限责任公司是否整体变更股份有限公司做出决议(如发生不可抗力、经营条件发生重大变化等直接影响公司设立的意外情况,可以做出不设立股份有限公司的决议)。

上述各项的决议均应经出席会议的股东所持表决权的半数以上通过。

创立大会应有律师予以见证并出具见证意见。

召开创立大会应注意如下事项。

第一,做好创立大会的会议记录。创立大会的会议记录是创立大会会议过程及决议情况的重要法律文书。创立大会的会议记录要记明创立大会召开的时间、地点、出席人数(包括代理人)、出席人数占认股人总数的比例,是否符合法定要求;要对创立大会所讨论的议题逐项做出完整的记录;最后要有会议主持人、发起人及出席会议的认股人、记录人签字。

第二,发起人应当自股款缴足之日起三十日内主持召开公司创立大会。创立大会由发起人组成。发起人应当在创立大会召开十五日前将会议日期通知各认股人或者予以公告。创立大会应有代表股份总数过半数的发起人出席,方可举行。

第三,创立大会对所列事项做出决议,必须经出席会议的认股人所持表决权过半数通过。

二、工商注册登记

在上述步骤结束以后,由董事会向工商注册登记机关提交公司章程、验资机构出具验资证明及其他文件,申请变更登记,经工商注册登记机关核准登记,取得登记机关换发的营业执照,公司整体变更的工作即告结束,股份有限公司正式宣告成立。

公司登记申请书参考范本如下:

公司设立登记申请书

名　　称				
名称预先核准通知书文号			联系电话	
住　　所			邮政编码	
法定代表人姓名			职务	
注册资本	（万元）		公司类型	
实收资本	（万元）		设立方式	
经营范围	许可经营项目： 一般经营项目：			
营业期限	长期 / ＿＿＿＿年	申请副本数量		个
本公司依照《公司法》、《公司登记管理条例》设立,提交材料真实有效。谨此对真实性承担责任。 法定代表人签字： 年　月　日				

注:1.手工填写表格和签字请使用黑色或蓝色钢笔、毛笔或签字笔,请勿使用圆珠笔。

2.公司类型应当填写"有限责任公司"或"股份有限公司"。其中,国有独资公司应当填写"有限责任公司(国有独资)";一人有限责任公司应当注明"有限责任公司(自然人独资)"或"有限责任公司(法人独资)"。

3.股份有限公司应在"设立方式"栏选择填写"发起设立"或者"募集设立"。

4.营业期限:请选择"长期"或者"××年"。

三、相关后续工作

股份有限公司成立后,除了发起人全部以现金出资的股份有限公司以外,一般情况下,股份有限公司成立后还需办理一些变更手续。具体包括:

一是有限责任公司整体股改过程中,发起人以实物出资的,涉及资产作价折股,此时需要对房屋、土地使用权等办理相关的全体主体变更手续;

二是原有限责任公司经营过程中的各种生产经营资格、生产经营许可、生产经营资质及其他生产经营中所必需的一些行政与行业的批准手续,整体变更为股份公司后应当办理主体变更手续;

三是有限责任公司整体股改成股份有限公司,虽然经营实体没有发生变化,只是组织形式及名称的变化,但涉及许多政府登记事项,如劳动保险、税务登记、银行账户等事项,依然需要办理相应的变更登记。

项目五　合同的起草与审查法律实务

通过本项目的实训,使学生能够掌握起草和审查合同的基础知识。在合同的起草与审查过程中,注意审阅相关材料;注重查阅与合同所涉事项相关的法律法规、司法解释、行业惯例、国际惯例以及地方法规等;能够参照有关合同范本。

一、实训案例

（一）二手房买卖合同

张建设夫妇欲将位于安远市城关区海河路 568 号静海花园 12-1602 的一套两室两厅住房出售,该房 2008 年建成,为完全产权房,建筑面积 107.36 平方米。经心成房产中介介绍,李雪岩与张建设夫妇达成该房买卖合意,总房款 450 000 元。

请根据给出的材料,结合实践中二手房买卖的实际情况,拟写一份二手房的买卖合同。

（二）厂房租赁合同

2012 年 3 月 10 日,海宁市安远贸易有限责任公司欲租赁宋远新位于海宁市建设北大街 468 号天元大厦甲座 12 楼的 600 平方米办公区域。双方口头约定租金每月 15 000 元,租赁期 5 年,从 2012 年 4 月 1 日起至 2017 年 3 月 31 日止,写字楼办公区域交付日期为 2012 年 4 月 1 日。租金每半年结算一次,安远公司应提前十五天支付租金,如逾期未支付,将加收 300 元/日的滞纳金,逾期十五天的,宋远新有权解除合同。

根据给出的材料,请你为双方当事人拟订一份《房屋租赁合同》。

二、工作任务

1. 分析材料,确定需拟订合同的双方当事人各自的交易目标,内部分组讨论各方当事人注意的重点。

2. 将甲乙双方的权利义务和责任限定在合理范围内,确保当事人预期合法利益的实现。

3. 促使交易安全完成,拟订合同条文。

三、分组操作

根据班级人数和实训目标的需要,将学生分成若干实训小组,每个小组内部再分成甲乙两组,分别代表需拟订合同的双方当事人,实训操作要体现出双方的商榷过程。要求每个小组独立完成实训任务,自行搜集、查阅相关法律、法规、行政规章等,可以研阅相关合同范本并决定参照。各组成员应结合实训案例分别位列甲乙双方,考虑各自的实际利益斟酌合同条款。教师在必要时给予提示、指导或帮助,主要是让学生独立操作任务,通过亲身拟订合同的方式,更直接、更感性地获得技能训练。

四、操作提示

在实务操作中,每一笔交易的目的不同,协商的当事人也不一致,与此同时,适用的法律法规也是处在不断的修改变化之中。因而,合同的起草必须根据实际情况来定。我们可以借鉴已有的合同范本,但是要注意,合同范本的内容不能穷尽实践中的所有情况,不能保障每笔交易完全顺利、安全地完成,所以合同范本只能作为参考。这就要求当事人在起草的过程中必须考虑实际情况审查合同。

第一,实训案例一的操作中需要注意各地对二手房交易的政策和相关规定不尽相同,一般来说,没有统一固定的合同文本,但是现在有这样一种趋势,不少地方政府为确保购房者权益,开始逐步规范二手房买卖市场,比如潍坊市通过房产中介进行的二手房买卖交易,从2012年5月1日起必须使用由相关政府部门制定的统一的合同文本。在实训过程中,凡是涉及有关手续,应到相关部门(包括房产中介、房管局等)去实地咨询。在操作二手房买卖合同的项目中,可以一并了解商品房买卖合同以及房屋租赁合同起草和审查的相关知识。

第二,实训案例二的操作需同时考虑并掌握诸如仪器设备租赁合同、汽车租赁合同以及融资租赁合同等类型。在租赁合同的起草与审查过程当中,除了合同的基本条款外,还需要特别注意出租人的交付义务、转租、租赁物的灭失问题、租期不明的处理以及续租等内容。在房屋租赁合同的拟写中,可以考虑上述问题。

五、评议考核

分组操作环节完成后,由各组汇报本组操作过程和任务完成情况,并做出自我评价;教师组织各组互相评议,取长补短;最后教师对各组的任务完成情况进行比较、点评、总结,并逐一给出考核成绩。

考核要点:
1. 针对合同的具体内容设置相关条款;
2. 合同内容应准确平衡甲乙双方当事人的权利义务;
3. 参照合同范本,结合相关法律法规审查合同文本是否存在问题。

实训指导

§1 合同的起草

合同是我们在商业实践活动中逐渐形成的关于交换的习惯和形式。随着商品经济的发展,这些用以确定交换的习惯和形式被以法律形式加以固定,逐步成为调整商品交换的一般规则。签订合同必须经过法定的方式和程序,且必须注重规范的术语及规则,否则很可能不能达到预期的目的。

一、合同的常见形式

我国《合同法》规定订立合同可以采用口头形式、书面形式以及其他形式。

(一)口头形式

口头形式是双方当事人用即时对话方式达成的协议,具有方便快捷的特点。其缺陷在于发生纠纷时难以取证,因而是标的较小、能够即时履行或者双方较为熟悉、信誉度较高时适用的合同订立方式。

(二)书面形式

书面形式是双方当事人将协商一致的合意以书面方式确立而达成的协议,可以采取合同书、信件以及数据电文等形式。其特点是较为正式,便于当事人查阅和履行,便于管理和监督,特别是在发生纠纷后便于举证,是实践中使用的主要形式。

(三)其他形式

其他形式是指除口头和书面形式以外的其他合同形式,双方既无口头约定又无书面协议,但一方履行主要义务而另一方接受的视为合同成立。

本项目主要就书面合同的起草进行实务指导。

二、合同的基本内容

合同的内容可以由当事人在平等一致的情况下自由协商,按照《中华人民共和国合同法》(以下简称《合同法》)的规定,合同的一般条款包括下述内容:当事人名称或姓名和住所;合同标的;数量;质量;价款或报酬;履行期限、地点和方式;违约责任;解决争议的方式。但是在实践中当事人往往在一般条款之外,另加一些条款,尽可能用以确保自己权益的实现。

以买卖合同为例,对合同内容逐一分析如下。

(一)首部

合同首部范例如下:

<u>　　　　　</u>**买卖合同**

(合同编号:　　　　　)

买方:_____　　　卖方:_____
地址:_____ 邮编:_____ 地址:_____ 邮编:_____
电话:_____ 传真:_____ 电话:_____ 传真:_____
邮箱:_____　　　邮箱:_____

甲乙双方经充分协商,本着自愿、平等、互利的原则,订立本合同,共同遵守。

需要注意的是,合同中约定的固定电话、手机以及电子邮箱,在合同履行过程中记载的信息,诸如短信息内容、邮件内容,一旦发生纠纷,是可以作为证据使用的。买卖双方如果是单位的,还应写明单位的全称、地址、法定代表人以及开户银行和账号等信息。

（二）正文

正文是合同的主体内容，约定了合同双方具体的权利和义务，就一般货物买卖合同而言，通常包括货物基本情况、运输及交货方式、价格与货款支付、违约责任、纠纷解决途径等。具体内容如下：

1. 货物名称、品种和规格

本部分应当明确注明货物的品牌、商标、品种、规格型号、产地以及颜色等信息，以保障正确履行合同，避免纠纷的产生。如果买方是一次购买多种类、多规格产品，应分别写明每一种类或规格的基本信息。

2. 数量、计量单位和计量方法

3. 包装

此条款中应注明所采取的包装标准以及包装费用的承担等问题。

4. 货物运输和交付

本部分应约定货物的运输方式、费用承担、交货时间、交货地点和交货方式等。普通货物一般以交付买方即可视为完成交货，但有的货物则需要安装、调试等，一定要在合同中明确约定。此外相关单证，诸如使用说明书、仓单、提单等的交付也应明确约定。

5. 货物保险

为了避免货物意外损毁或灭失而带来的损失，有时双方会约定保险条款，主要约定投保种类、保险金额、费用承担等内容。

6. 货物检验

货物质量是否合格，数量、规格是否符合约定等，都应约定明确的验货期间、验货方式、检测机构的选择、检验标准、检验方法等，以避免事后纠纷。

7. 价格与货款支付

买卖的货物应标明单价和总价，要明确币种，要注明大写，以防止履行过程中发生纠纷。货款采取何种方式支付，何时支付要在内容中明确。一般国内货物买卖应当以人民币结算，涉外货物买卖以外币结算。关于货款和费用的支付结算，应当按照《中国人民银行结算办法》中关于同城结算、异地结算的规定来办理，一般通过银行转账或使用票据结算。特别需要注意的是，双方应当在合同中规定开户银行、户名和账号，而结算的时候应向约定的银行账号履行。

8. 质量

明确注明货物的质量要求以及卖方对质量负责的条件和期限。交付货物的标准，有国家标准的按照国家标准执行，没有国家标准的按照专业标准执行；既没有国家标准也没有专业标准的，按照行业标准执行；没有上述标准的，买卖双方当事人可自由协商确定。货物须具有合法的生产、销售批准相关文件，如果货物涉及知识产权，则卖方应保证是自己拥有或合法使用的。

9. 违约责任

此款项可以考虑将买卖双方的违约责任分列：比如买方可能出现退货、拒收货物、逾期提货或逾期付款等行为，如何承担责任；卖方可能出现不能交货、逾期交货、提前交货、数量短缺、质量不合格以及包装不合格等行为，如何承担责任。此款项中还应包含违约金、赔偿金条款以及是否实行"三包"等条件。

10. 争议解决方法

应当明确一旦发生争议采取何种方式解决,是协商、调解,还是仲裁、诉讼。如果愿意交仲裁委员会仲裁的,应当在合同中准确写明仲裁机构的名称。

11. 不可抗力条款

不可抗力是最常见的免责事由,但法律对于什么是不可抗力并没有具体规定,一旦发生纠纷,合同双方就会各执一词,为了避免此类纠纷,应在合同中列举不可抗力的各种情形。

12. 其他协议条款

此项条款当事人可以根据实际需要拟定,只要经过双方当事人协商达成一致意见的,都可以作为合同条款罗列其中,比如担保、公证等事项。

(三)尾部

双方当事人的签字、盖章。当事人是单位的,应该加盖在工商部门备案的公章或合同专用章。

如果合同需要标注一些特别内容,当事人还可以附加附件,比如货物的技术标准、货物清单、使用说明书或售后服务承诺等。

三、合同起草的原则及流程

实务中有些合同文本里将双方当事人分列为甲方、乙方,要认识到合同中的甲、乙双方是法律地位平等的民事主体,不存在哪方优先的问题。一般情况下,供方被称为甲方,合同由其起草,但这并非绝对。在没有标准合同文本或不宜采取标准合同的情况下,当事人可协议由单方或双方起草合同。往往起草方在起草合同的过程中能够更好地顾及本方的利益,因而在协商的过程中应尽可能地争取合同的起草权或在起草工作中积极地占据主动地位。

合同起草是根据民商事活动的需要,在与相对人达成正式协议之前就双方权利、义务和责任予以初步确立的过程。不管作为律师还是企业法律顾问,首先要明确地有这样一种认识,合同的起草不是简单的文字堆砌工作,而是严谨慎重的法律实务工作。要为合同当事人预估到经济活动中面临的风险并能达到事先控制,要尽可能地做到对己方利益的最大化倾斜,并最终促成交易目的的实现。

(一)合同起草的原则

实践中企业在进行经济活动时面临大量的合同,不可能做到所有的合同都由专业的人员来完成。对于一般性的合同,完全可以借鉴合同范本。但是要注意,合同范本只能在一定程度上控制拟订的合同不违反法律的规定,基本符合规范的要求,而双方当事人通过协商、洽谈甚至谈判完成的合同文本中的空白填充的工作才是最为重要的。因而,掌握合同起草的基本原则是起草合同的关键所在。

1. 合法性首要原则

合法性原则要求在起草合同的过程中要注意主体合法、内容合法以及经营范围合法这三个方面的内容。首先,签订合同的主体不合法或不适格将会导致合同无效或效力待定;其次,坚持内容合法和经营范围合法是为了防止拟订的合同条款违反法律的规定而导致无效。

比如在借款合同中,贷款方必须是国家批准的专门金融机构,包括中国人民银行和各专业银行,全国的信贷业务只能由国家金融机构来办理,其他任何单位和个人无权与借款方发生借贷关系。那么,如果签订借款合同的双方当事人均为企业,则会因主体不合法而导致合同无效。再有法律规定了民间借贷的利率可以适当高于银行利率,但是最高不得超过同期银行同类贷款利率的4倍,且不允许收取复利。所以,当事人约定过高的利息,也会因条款内容的不合法而导致合同得不到法律的保护。

2. 平等原则

虽然前文中我们说在合同的拟订过程中要最大限度地争取起草权或者在起草过程中争取主动权,但这决不意味着双方地位的差异。反倒是在合同的起草过程中要注意,双方当事人的主体地位是平等的,权利义务也是平等的。违背了平等原则,忽视对方利益的单边利益至上的合同难以得到对方的接受,即便勉强签订,也很难实际履行。

以下是一份超市与供货商之间的合同的部分内容:

超市供货合同(部分)

甲方:＿＿＿＿＿＿＿＿＿＿＿＿＿＿＿＿

乙方:＿＿＿＿＿＿＿＿＿＿＿＿＿＿＿＿

本着平等互利、共谋发展的合作原则,经甲、乙双方共同友好协商,达成以下合同条款:

一、供货产品:甲方向乙方提供其总经销的商品供乙方超市销售,详细供货商品名称由乙方参见甲方所提供的商品目录,由乙方自行选定。

二、供货价格:具体价格参见乙方提供的价格表。

三、产品质量:

四、送货及验收:

五、付款方式:

六、市场维护:

为维护双方共同利益,乙方在销售过程中产品的正常零售价可以自己设定,甲方不得以定价影响其在别处销售受影响等理由而干涉。

七、退换货规定:

任何情况下发生质量问题,甲方必须及时且无条件地更换商品。

八、价格调整:

合作期内,甲方不得以任何理由调整价格。

九、商品陈列:合作期内,乙方对甲方商品在超市的陈列位置不得提出异议。

十、付款:乙方每半年给甲方结算货款一次,甲方不得因货款问题停止供货,否则将要对停止供货行为给乙方造成的损失承担赔偿责任。

……

甲方:＿＿＿＿＿＿＿＿＿＿　　乙方:＿＿＿＿＿＿＿＿＿＿

法人代表:＿＿＿＿＿＿＿＿　　法人代表:＿＿＿＿＿＿＿＿

签约代表:＿＿＿＿＿＿＿＿　　签约代表:＿＿＿＿＿＿＿＿

地址:＿＿＿＿＿＿＿＿＿＿　　地址:＿＿＿＿＿＿＿＿＿＿

联系电话:＿＿＿＿＿＿＿＿　　联系电话:＿＿＿＿＿＿＿＿

传真:＿＿＿＿＿＿＿＿＿＿　　传真:＿＿＿＿＿＿＿＿＿＿

＿＿＿＿年＿＿＿月＿＿＿日

这样一份主体地位不平等且权利义务失衡的合同,是超市利用其"霸王"地位迫使供货方让步做出的,毁约是迟早的事。

3. 全面完善原则

合同起草时应力争主要内容完备,一般条款应周密严谨,要尽可能地考虑签约及履行过程中会出现的各种情形,也就是说要做好各种风险的预测。

4. 规范明确原则

起草合同时应力争做到格式符合要求,用语规范准确,条纹清晰明了,在理解上没有歧义,内容通俗易懂,没有明显的漏洞。

以下是一份建筑工程施工合同的部分条款,请注意分析:

建设工程施工合同(部分)

发包人:(公章)_____ 承包人:(公章)_____
住所:_____ 住所:_____
法定代表人:_____ 法定代表人:_____
委托代理人:_____ 委托代理人:_____
电话:_____ 电话:_____
传真:_____ 传真:_____
开户银行:_____ 开户银行:_____
账号:_____ 账号:_____
邮政编码:_____ 邮政编码:_____。

依照《中华人民共和国合同法》、《中华人民共和国建筑法》及其他有关法律、行政法规、遵循平等、自愿、公平和诚实信用的原则,双方就本建设工程施工项协商一致,订立本合同。

1. 工程范围
2. 建设工期
3. 工程开工和竣工时间
4. 工程质量

……施工质量应达到"发包人"满意……

5. 工程造价
6. 技术资料交付时间
7. 材料和设备的供应责任
8. 拨款和结算

……待工程验收合格后付款……

9. 竣工验收

…………

目前我国的《建设工程施工合同》采取了国际上通用的土木工程施工合同条款,由国家建设部、国家工商行政管理总局联合发布,内容包括《协议书》、《通用条款》、《专用条款》以及附件(《承包人承揽工程项目一览表》、《发包人供应材料设备一览表》和《工程质量保修书》)四个部分。双方要在充分协商的基础上完成合同文本,但是特别要注意:(1)掌握相关法律法规,准确理解《通用条款》。与《建设工程施工合同》相关的法律法规包括《合同法》、《建筑法》、《建设工程质量管理条例》、《建设工程施工发包与承包价格管理暂行规定》等。在签订此类合同时要仔细阅读和准确理解《通用条款》，这对后面签订《专用条款》部分起一个引导作用。(2)认真阅读研究合同文本，结合项目特点和自身情况，明确发包人和承包人双方的权利、义务和责任，特别是对工期、质量、验收、结算等条款的约定，一定要慎之又慎。这类合同文本动辄几十页，内容繁杂，一定要充分准备而不能有所疏漏，否则会使自己的权益蒙受损失。上文中列举的《建设工程施工合同》是《专用条款》中的部分内容，其中的工程质量和拨款结算条款当事人在起草的时候过分草率。建筑工程质量有严格的标准，仅仅约定为"发包方满意"，这实际上很难衡量，其实是为承包方设置了陷阱；而拨款和结算项目中约定"验收合格后"付款，合格的标准要做出具体的约定，否则，发包方将以此为借口拖延付款。

（二）合同起草的流程

1. 正确界定合同性质，准确使用合同名称

着手起草合同的人应当在起草合同之前，以适当形式参与到双方的洽谈、协商或谈判当中，明确交易双方的经济目的，了解双方的要求和交易习惯，从而确定合同性质，在草拟的合同中准确使用合同名称。

2. 确保主体资格的合法性

起草合同之前，对对方当事人的主体资格进行确认，全面了解对方的基本信息、商业信誉、行业评价以及履约能力等。这种审查包括：

（1）看对方的资质：对方为法人的要查验法人执照，是个体户的查验营业执照（涉及特殊经营的还要查看有无经营资质），是自然人的判断其是否具有民事行为能力等。不仅形式上要审查对方的资质，还要通过其他途径和办法了解情况。

（2）查对方签订合同当事人的资格：审查是否有签订合同的资格，如果是代理人的，要注意查看代理手续是否齐全等。不能对仅仅持有加盖公章空白合同书的人员完全信任，要确信其有完全的代理权。

（3）咨询对方的履约能力和商业信誉：网络购物是现在比较流行的一种消费模式，我们以淘宝网为例，当消费者选择心仪商品后，做出决定之前，一般都会查看评价和店家信誉。如果看到的评价是全五分、好评100%且店家是皇冠级别的，就会不加思索地下单。起草合同前，应尽可能地通过各种渠道了解对方的商业信誉、经济实力、履约能力，以保证将来签订的合同能够得到全面的履行。

3. 整理业务资料，总结合同要点

在对交易目的有了充分了解之后，整理收集的相关资料，草拟合同交易的要点，比如列出合同目录或者大纲，总结出合同要点。

4. 准备相关法律法规

查找针对当前交易的法律法规以及规范性文件，一定注意要最新的相关规定。了解相关行政审批和备案等的程序，以提高拟订合同的操作性。

5. 选择参照合同文本和模板

充分借鉴先例文本，结合实际情况为我所用，要善于创新，最终拟订出适用的合同文本。比如实训项目中的案例一，要求拟订一份二手房的买卖合同。你所处的交易当地如果没有统一的二手房交易合同，那就可以借鉴已经制定出统一二手房交易规范的地方的制式

合同文本,结合自己及本地的实际情况,加以删增修改,最终拟写出符合自己需要的合同。这里面要注意避免一味地生搬硬抄。

6. 确定合同体例,进行条款填充

合同体例是合同各条款及内容的排列形式,有的合同内容比较繁杂,有的合同力求简洁。至于体例如何选择,既要考虑到合同的性质、所涉及事项等因素,同时还要照顾委托人的情况,在体例选择上注意做到因事而定。比如,一个简单的保管合同,非要罗列几十个条款,那就完全没有必要。而对于体例较为繁杂的合同,要确定有利的合同布局,采取细化目录的方式。在确定了有利的合同布局之后,就要进行合同条款的填充。实践中,我们可以借鉴合同范本,选择合适的范本之后,进行条款填充,注意语言使用要简练清晰,直接准确,表达清楚。

7. 确定内容,检查核对

合同草案完成后,起草人员应当从头至尾通读一遍,从整体上把握条款之间有无逻辑上的矛盾之处,有无必要条款的遗漏,检查错别字和标点符号。然后将草案交由相关的业务员,从业务角度提出修改意见。最后把草案交给合同当事人,征求其意见。多方意见汇总后,整体把握,修改定稿,力求做到文字精准、用语严谨。

§2 合同的审查

合同审查是指在合同正式签订之前,对于合同相关内容及法律问题进行修改、删增以及调整的专业规范性活动。合同审查的目的,一方面在于明确双方权利义务,维护自己利益,另一方面在于确保合同合法有效,保证能够得以履行。合同的审查不同于合同的起草,合同起草的一方往往占有主动地位,可以根据自己的需要去起草合同内容;而合同的审查则恰恰相反,通常是由交易一方起草或提供合同范本或格式合同,另一方对此进行审查的行为,当然也包括律师或法律顾问等专业人员对客户合同的审查行为。

一、合同审查的基本原则

在审查合同时,应掌握合法性原则、利益平衡原则和点面兼顾原则。

(一)合法性原则

合法性原则要求审查合同是否存在违反法律法规强制性、禁止性规定的情形。具体包括审查:合同主体是否合法;合同内容是否合法;合同签订的手续或形式是否合法以及相关文件、手续是否真实合法等。

(二)利益平衡原则

起草合同的当事人往往都尽量追求己方利益的最大化,在合同条款的设计和语言的表述方面往往会有利于自己一方。作为合同审查主体的另一方或律师等专业人员应本着利益平衡原则的要求,同时考虑双方的利益,尽量使双方利益得以平衡,只有这样,才能促使合同的最终签订。

(三)点面兼顾原则

点面兼顾原则要求对合同进行审查时,既要对合同的合法性、完整性和周密性进行全面地审查,又要对合同的具体条款,特别是专业性的条款进行细致地审查,同时还要注重对合同文字的准确性以及文本的规范性进行审查。

二、合同审查的具体步骤

（一）通读合同全文，全面把握合同内容

审查合同草案要通读合同全文，检查各条款之间的逻辑关系，注意合同布局是否合理完整，有无遗漏，梳理业务流程，注意审查合同用语的合法化。

（二）分析合同涉及的法律关系，审查合同效力

《合同法》第五十二条明确规定合同中出现下述五种情形的，合同无效：一方以欺诈、胁迫的手段订立的合同，损害国家利益的；恶意串通，损害国家、集体或者第三人利益的；以合法形式掩盖非法目的；损害社会公共利益的；违反法律、行政法规的强制性规定的。因而在审查合同时，要认真分析合同涉及的法律关系，判断是否存在上述情形，以保证合同的效力。

（三）审查合同的主体

合同的主体是否适格将影响合同的效力及履行。因此，对签合同的主体资格要进行严格地审查。这项工作在起草合同时要做，到了合同审查这一步时也不能忽视。对以下几个方面的情况要认真审查核实：(1) 工商登记和资产状况；(2) 法定的资质条件；(3) 经营状况、信誉状况以及履约能力；(4) 查签约人的签约权限。

（四）审查合同内容

1. 审查必要条款是否完备

当事人根据实际情况拟订合同条款，但一般应包括下列内容：当事人的名称或者姓名和住所；标的；数量；质量；价款或者报酬；履行期限、地点和方式；违约责任；解决争议的方法。以买卖合同为例，对其进行审查时，质量、价格以及违约责任条款是重中之重。

2. 审查合同的终止和解除条款

合同终止是合同权利义务的完全停止，也就是说合同不再履行。当债务已按照约定履行；合同解除；债务相互抵销；债务人依法将标的物提存；债权人免除债务；债权债务同归于一人等情形出现时，合同即告终止。而合同解除是合同终止的一种情形。

审查合同时对于终止和解除条款需注意：

(1) 当事人双方在合同中约定解除合同的条件，这些条件的设置往往与一方违约相联系；

(2) 单方解除合同的情形，这种解除权是一种单方任意解除权，这种解除需要提出解除的一方通知对方，且在通知到达对方时发生解除的效力；

(3) 是否约定了行使解除权的期限。

3. 注意合同的争议解决条款

对于争议的解决程序、管辖的法院或者仲裁机构等事项应具体确定。

例如合同中可以列举出下列条款，供当事人协商选择：

……

因本合同引起的有关争议，双方当事人应互谅互让友好协商解决。协商不成的，双方均同意采取以下第（   ）种争议解决方式：

(1) 甲乙双方均同意向（   ）法院提起诉讼；

(2) 甲乙双方均同意向（   ）仲裁委员会提起仲裁。

....

以上的争议解决条款必须选择一个才为有效。法院的选择一般是选择对自己诉讼更为有利的法院且必须有管辖权;而仲裁委员会的名称必须填写正确。

4. 审查违约责任条款

违约责任条款是合同当事人约定不履行义务的风险承担条款,这是任何类型的合同中都很重要的条文。合同中明确规定具体的违约责任的,对保护当事人合法权益提供了有力的保障。按照《合同法》的规定,违约责任条款不是合同中的必备条款,即使缺失也不影响合同的成立和生效。一旦发生纠纷,即便没有约定违约责任条款的,法院或仲裁机构也会依法确定违约方承担相应责任。但是,我们依然重视和强调此项条款,原因在于:合同中预先规定违约责任,有利于合同双方当事人按照合同要求履行合同权利和义务,减少举证等麻烦。一旦约定了违约责任条款,那么就应当具体明确,而不能含混歧义。比如约定"任何一方违约,应当赔偿所有损失……",这样的约定实际上是难以量化并实现的。

合同审查要完成的工作是对合同合法性做出判断,并针对存在的问题进行查漏补缺。针对合同起草或提供者的不同,审查的侧重点也应有所不同。比如在对己方起草的合同进行审查时应考虑对方利益,所以,适当条款的妥协,特别是妥协的程度就是审查的重点。但是如果合同是由对方起草或对方提供的格式合同,那就要充分衡量己方利益,对条款细节进行仔细审查。

(五)制作合同审查意见书

合同审查意见书是律师或法律顾问对报审合同的正式审查意见。一般来说,较为正规的公司或其他组织,在没有经过律师或法律顾问同意的情况下是不会对外签订合同的。从内容上来说,合同审查意见书包括报审单位名称、合同名称、审查意见、修改意见等。审查人需填写审查意见书,交付送审单位一份,自己留存一份存档备查。下面给出某律师事务所出具的合同审查意见书的基本格式:

_____律师事务所
合同审查意见书
〔　〕_____审字第____号

合同名称:___送审合同名称___
合同编号:___送审合同编号___
送审方:___送审单位或个人___
送审时间:_____

一、出具合同审查意见书的法律依据:

出具审查意见要以法律为依据,审查单位要对合同的合法性负责,所以合同审查方应将审查该合同的主要法律依据予以注明。

二、合同的基本情况:

三、合同审查的主要内容:

四、合同存在的问题:

逐条列明合同存在的不当或违法约定。比如,合同的必备条款缺失,合同条款约定不明，文字表述与法律规定相违背……

　　五、修改意见：

　　根据存在的问题，逐条列出修改意见，特别要列明提出此项修改意见的理由及法律依据。

　　六、声明与保留：

　　一般而言，合同的审查属于书面审查，所以审查意见往往只是原则性或指导性的参考意见，所以可以注明：以上意见仅供参考。

_____律师事务所

_____律师

____年___月___日

§3　常见合同的起草和审查要点

一、二手房买卖合同

起草并审查二手房买卖合同需注意下述方面。

（一）审查并确定对方当事人的资格

这里主要是审查卖房人的资格问题，确定其是否为完全民事行为能力人，对房产是否享有处分权。如果房产为夫妻共有财产或家庭共有财产，那么在其他共有人未同意的情况下，买受人与部分共有人签订的买卖合同一般是无效的。

（二）了解房产性质，审查房屋手续，确定房屋产权

买受人事先应当对房产性质有所了解，对于福利性质的政策性住房，包括经济适用房、安居房以及单位的职工住房，在土地性质、房屋所有权范围上有相关规定，如果事先不注意可能会出现买卖行为与法律相冲突的情形。另外要注意，房屋权属证书是证明房主对房屋享有所有权的唯一凭证。审查房屋手续，首先要查验房产证的真伪，并明确是否存在转卖或抵押的情形。

（三）全面了解房产现实情况

买受人在购买二手房之前应多方全面了解房产的详细情况。注意：

1. 待交易房产是否存在拆迁或市政规划问题；

2. 待交易房产是否正出租给他人使用，受"买卖不破租赁"的限制，即使交易成功，买受人也不能强制租赁方即刻退房，从而影响自己的使用权；

3. 相关费用是否结清，这些费用包括物业费、车位租赁费、水电煤气费、取暖等相关费用，如果卖方长期拖欠，买方不知情且办理完其他手续，将很有可能自己承担所有拖欠的费用，造成不小的损失和麻烦。

（四）合同重要条款约定是否明确

对中介机构提供的二手房交易合同或当事人自己拟订的合同进行审查时注意，重要的条款必须完备，这包括：

1. **房屋位置及面积**：明确写明房产坐落的地理位置，标注清楚房产的建筑面积和公摊

面积,是否有配套设施和附属设施。

2. **房屋价款**、相关费用和付款方式:与出卖方协商房产价款时还要明确交易税费的承担问题,如有附属设施,包括车库、车位、地下室等,也要明确价款。如果是在中介机构进行交易的,对佣金的支付等费用也要做出约定。二手房屋的买卖一般直接约定房产的完全价款,如不能一次性结清房款的,可以在合同中约定一个付款时间表。同时也要考虑到,如果没有按照付款时间表支付价款应怎样解决等问题。

3. **明确约定交房时间**:双方应当在合同中明确约定交房的具体期限。买受方应在接收房产之日起,在房地产权登记机关规定的期限内向房地产权登记机关办理房屋产权过户登记,这一过程中,卖方应予以必要的协助。

（五）审查违约责任条款和救济方式

合同中应对双方可能存在违约的情形予以预测,比如买方不按期支付房款,卖方不按期交付房屋等,并规定对违约行为应承担的责任。合同中应该对违约责任如何承担,违约金、定金以及赔偿金条款进行明确约定。合同中应明确出现违约情形后的救济方式,是采取诉讼还是仲裁。如果约定了仲裁条款的,要明确选择仲裁机构。

注意:我们列出的是特殊商品——二手房的买卖合同起草、审查时的注意事项,在起草、审查一般的商品买卖合同时,需要着重注意商品的数量、质量、规格、型号、单价、总价、交货时间地点、付款方式、验收、运输、检验、包装、保修、违约责任以及争议解决等条款,应注意各个条款之间的衔接和相互关联。另外,特殊的买卖合同,诸如凭样品买卖、分期付款买卖、试用买卖等还要注意《合同法》中的特殊规定。

二、租赁合同

起草并审查租赁合同需注意下述方面。

（一）审查法律的特别规定

相关法律法规对于租赁合同有特别规定的,审查时这些特别规定是重点。比如《合同法》第二百一十四条规定了租赁期限,第二百一十五条规定了租赁合同采取的形式,那么在审查合同时就要特别注意这些规定。

（二）审查出租方的资格

审查确定出租方对租赁物的权利,查看租赁物的权属证书,如没有权属证书的,出租方应对租赁标的的权利做出承诺。

（三）基本条款应当完备

租赁合同的内容包括租赁物的名称、数量、用途、租赁期限、租金以及支付的期限和方式、租赁物维修条款,审查时要注意这些重要的条款必须具备。

（四）审查转租条款

租赁合同中如果有转租条款的,要审查是否需要经过出租人同意。

（五）审查违约条款和救济条款

应当在租赁合同中预测违约情形并确定违约责任,确定救济方式。

注意:融资租赁合同与租赁合同名称很相似,但实为两种性质不同的合同,使用时要注意区分选择。融资租赁集租赁、买卖、借贷于一体,是把融资与融物合为一体的交易方式。融资租赁合同由出卖人与买受人(后租赁合同中的出租人)之间的买卖合同和出租人与承租人之间的租赁合同构成,但一定注意,并非买卖合同和租赁合同的简单叠加,审查时要特别注意。

三、建设工程类合同

建设工程类合同从形式上看条文繁多,较为复杂,可能包括大量的合同附件,因而合同相关条款的一致性是审查的要点。比如合同总价款和款项具体支付条款。此类合同的违约责任条款也是相当重要的,需要特别注意工程延期或工程质量不达标的违约责任约定问题。

四、旅游合同

旅游合同是旅游者和旅行社在出游前签订的确定旅游行程的书面合同。当双方发生纠纷时,是向相关部门投诉或司法部门审理案件的重要依据。对于消费者而言,更是维权的依据。旅游合同一般是由旅行社单方提供的事先拟定好的格式合同文本,因而在签订时,旅游者一定要谨慎。

1. 确定旅行社主体的合法性,最好是事先查验对方的《营业执照》、《许可证》或《工作证》等。

2. 明确合同具体内容:对于旅游行程中的线路、交通工具、参观景点、住宿标准、用餐标准、自费项目、购物点等重要事项一定要一一审查,要对照合同文本中手写部分与行程单是否一致。

五、业务合作类合同

签订此类合同要注意:首先,审查合作各方的主体资质,如果涉及特定的行业,要审查验证其获得审批的资质;其次,注意明确合作分成条款;注意保密条款的约定;最后,不要忽视违约责任条款。

六、运输合同

运输合同包括客运合同、货运合同和多式联运合同,此类合同多是格式条款合同。起草和审查运输合同时注意认真填写合同空白部分条款,同时对于格式条款部分也要仔细审查,避免"霸王条款"侵害自己的利益。

七、赠与合同

赠与合同是指赠与方将自己所有的财产或者某种权利赠送给他人的行为。赠与合同在双方当事人意思表示一致时即告成立,原则上受赠人不因赠与合同而承担义务。审查赠与合同时应注意:

1. 赠与的标的必须是赠与人有权处分的财产或权利;

2. 有些财产或权利转移涉及相关部门批准的,应当在合同中写清楚;

3. 注意具有救灾、扶贫等社会公益、道德义务性质的赠与合同或者经过公证的赠与合同是不得撤销的。

合同的起草和审查不是一项简单的工作,需要起草者、审查者不仅具有扎实的法律业务素质,同时还要熟悉和了解相关行业的知识以及长期经验的积累。

项目六　商品房交易法律实务

通过本项目的实训,使学生能够了解商品房交易的一般方法和步骤,熟悉商品房交易中的一些基本理论和知识点,能够查阅相关文件和撰写相关合同和表格,学会处理商品房交易过程中的相关法律事项,最终达到培养学生独立完成商品房交易实际操作能力的目的。

一、实训案例

张某夫妇为解决儿子上学问题,欲在本市开发区二十九中附近购买一套商品房,经多方了解,选定盛世金龙房地产有限公司开发的"书香园"二期商品房一套。某日,张某夫妇应开发商销售部工作人员的电话邀请来到"书香园"售楼部商谈商品房买卖相关事宜。

二、工作任务

1. 根据上述实训案例所描述的情形,并结合实训案例的具体情况,为张某夫妇起草一份购买商品房的注意事项。

2. 查阅相关法律,登录房管部门的官方网站或到房地产交易大厅咨询商品房交易的相关要求和手续。

3. 帮助张某夫妇与开发商拟定一份商品房交易合同。

三、分组操作

根据班级人数和实训目标需要,将学生分为若干个实训小组。要求每个小组独立完成实训任务,自行搜集、查阅相关法律、法规、行政规章等,并到住房保障局、房地产交易大厅等各相关部门咨询学习,充分了解实务操作规程。各组成员应结合实训案例分别担任开发商销售人员、张某夫妇等角色。教师在必要时给予提示、指导或帮助,主要是让学生独立操作完成工作任务,通过亲身参与购买商品房的方式,使学生能够更直接、更客观地获得技能训练。

四、操作提示

在实训过程中,学生可到附近楼盘咨询购买商品房的相关事宜,作为实训的准备。凡是涉及有关行政部门的手续,都应实地前往咨询。如到国土资源厅和住房保障厅咨询国有土地使用权和开发商资质、证件是否齐全等相关事宜,到房地产交易大厅咨询购买商品房需缴纳的税费事宜等,以此来增强实训过程的现场效果,同时获得现实可用的实务知识,增加实践经验和感性积累。本案例的操作中需注意开发商资质问题和该套商品房办理房屋所有权证书及土地使用权证的相关问题。

五、评议考核

分组操作环节完成后,由各组汇报本组操作过程和任务完成情况,并做出自我评价;教师组织各组互相评议,取长补短;最后教师对各组的任务完成情况进行比较、点评、总结,并逐一给出考核成绩。

考核要点:
1. 开发商销售及预售商品房需要具备的条件;
2. 签订商品房销售合同需要注意的事项;
3. 办理房屋所有权证书和土地使用权证的程序;
4. 购买商品房应缴纳的税费;
5. 二手房买卖双方各自应缴纳的税费。

实训指导

商品房交易包括商品房现售、商品房预售和二手房的买卖。商品房现售是指房地产开发企业将竣工验收合格的商品房出售给买受人,并由买受人支付房价款的行为;商品房预售是指房地产开发企业将正在建设中的商品房预告出售给买受人,并由买受人支付定金或者房价款的行为;二手房买卖是指买卖双方以已经在房地产交易中心备过案、完成初始登记和总登记的房产为标的物进行交易的行为。

§1 商品房现售操作程序

一、查验房地产开发商资质

《房地产开发资质管理规定》按照房地产开发企业条件将其分为四个资质等级,不同的资质等级由建筑行政主管部门分级审批,相关管理机关要每年对房地产开发企业的资质进行核定。为保证开发质量,不允许开发企业越级承接开发业务。一级资质为最高,二级次之,以此类推。在注册资本、经营年限、经营业绩、工程质量、专业技术人员数量和水平等方面,资质等级越高的开发商越具备更强的优势,因此在购买商品房时,应尽量选择资质等级高的开发商。

二、查验房地产开发企业的经营范围

如果开发商的营业执照上没有销售楼房的经营范围,那么其销售行为就是违法经营,购房者与其签订的售房合同有可能是无效合同,购房者的预期权益就始终处于不确定状态。

所以在购买房屋时,一定要看房地产开发商的营业执照是否有允许销售楼房的经营权。实践中有些开发商会将销售业务委托给代理销售公司负责销售,这时,就应审查代理销售企业的营业执照、房地产经纪资格证书、代理销售合同或委托销售证明等。

三、查验相关证书

（一）查验"五证"

商品房销售必须应当具备"五证",即《国有土地使用权证》、《建设用地规划许可证》、《建设工程规划许可证》、《建设工程施工许可证》、《商品房销售许可证》。《国有土地使用权证》是由商品房所在地的国土资源部门审查核发;《建设用地规划许可证》和《建设工程许可证》由商品房所在地城乡规划部门审查核发;《建设工程施工许可证》是由当地建设行政主管部门审查核发;《商品房销售许可证》是由当地房屋管理部门审查核发。

"五证"中最重要的是《国有土地使用权证》和《商品房销售许可证》。缺少上述文件,则该商品房不具备销售条件。在查验"五证"时,尽量要求要求查看原件,查看原件实在有困难的查看复印件也可。在查看《国有土地使用权证》时应注意土地使用权年限,还应仔细审查《商品房销售许可证》中关于该房地产的宗地号、项目名称、栋号、层数、用途、套数、面积等信息与所购买的房地产的栋号、楼层、名称等是否相符。

（二）查验《建筑工程竣工验收备案证明书》和"大产证"

房地产开发企业应在在房屋竣工验收完毕以后,经过监督部门的认可,由建设单位填写《房屋建筑工程竣工验收备案表》,建设单位和承监质监站将该表和质量监督报告送备案部门审查,经审核符合规定的,由备案部门颁发《建筑工程竣工验收备案证明书》。开发商未取得该证件之前即交付房地产的行为是违法的,购房者有权拒绝接受,由此导致的延期入住违约责任由房地产开发企业承担。房地产开发企业逾期交房超过90日,购房者可单方面解除合同。

大产证,又叫房地产权证,是指在房地产开发商在房屋竣工验收之后交付购房者之前,向房地产管理部门申请初始登记,在房地产管理部门审查合格后,颁发给房地产开发商的证明其取得建造房屋的所有权的证明的文件。房地产开发企业在领取楼盘《房地产权属证明书》后,才能为购房者申请办理所购商品房的交易过户转移登记。

四、审查抵押情况

开发商为筹集建设资金,一般会将已经取得的土地使用权抵押给银行以获得贷款,这种抵押是国家政策允许和鼓励的。但是如果在商品房开始销售时开发商没有办理解押,就会使购房者承担很大的风险。这种情况下,如果开发商销售商品房所收上来的钱没有用于及时偿还银行的贷款,而用于其他风险投资,致使其无法偿还银行的到期债权,那么银行的抵押权属于担保物权,购房者的预期房产权利属于债权,根据相关法律,担保物权优于债权受偿,银行的权利优先于购房者的权利。

所以在购房前一定要弄清所购房屋和其依附的土地使用权的抵押情况。根据《中华人民共和国担保法》第四十五条规定,抵押"登记部门登记的资料,应当允许查阅、抄录或者复印"。买房人可以根据此条法律到国土资源部门查询欲购房屋的土地使用权的权利状况,也可通过察看开发商的土地使用权证书的备注栏中有无他项权利记载了解土地使用权是否被抵押,还可以到房屋管理机构产权产籍科查询欲购房屋是否已作抵押。

五、核查商品房的面积

商品房建筑面积由套内面积和分摊的共有建筑面积组成。套内建筑面积部分为买受人独立产权,分摊的共有建筑面积部分为买受人与其他相关业主的共有产权,买受人依法对其享有权利,承担责任。签约前买受人可要求开发商提供房屋土地权属调查报告书(房屋土地调查机构提供)、建筑平面布置图(经规划管理部门审核同意)和《房屋建筑面积测算表》。该表中《房屋公用部位建筑面积说明》中必须将分摊的共有部位全部列明,并能与建筑平面布置图对照查核。

六、签订商品房买卖合同

(一)商品房买卖合同的文本

为便于在房地产登记机构进行预售登记或产权登记,商品房买卖应采用建设部、国家工商局联合发布的《商品房买卖合同》示范文本,或者各地房屋行政管理部门同意的其他合同文本,为体现合同双方的自愿原则,该合同文本中相关条款后都有空白行,供双方自行约定或补充约定。双方当事人可以对文本条款的内容进行修改、增补或删减。合同生效后,未被修改的文本印刷文字视为双方同意内容。该合同文本中涉及的选择、填写内容以手写项为优先。对合同文本"【 】"中选择内容、空格部位填写及其他需要删除或添加的内容,双方应当协商确定。"【 】"中选择内容,以划"√"方式选定;对于实际情况未发生或买卖双方不作约定时,应在空格部位打"×",以示删除。

买受人应特别注意《商品房买卖合同》范本中开发商已填上内容的空格部分,该部分的内容极易损害买受人的利益。

(二)合同主体基本情况

合同的主体是确定谁是合同当事人,一旦发生纠纷进行诉讼,要据此来确定原、被告的诉讼主体资格。在商品房买卖合同中,一定要写明出卖人的名称、注册地址、营业执照注册号、企业资质证书号、法定代表人姓名、出卖人的联系方式等,买受人应要求其提供营业执照原件,查看是否通过了最新年检,贴有年检标记,经营范围中有无房地产开发、销售内容。一定要注意出卖人的名称、注册地、法定代表人等相关信息与工商登记是否一致,其名称与公章是否一致。

在商品房销售过程中,开发商有时会自行销售,有时会委托代理人销售。若买受人通过代理人签订商品房买卖合同时,一定要其出示以下资格证照的原件:

1. 由工商行政管理部门颁发的营业执照,含房屋销售代理范围;
2. 由工商行政管理部门颁发的《经纪人资格证书》;
3. 由房地产管理部门颁发的《房地产经纪人资质证书》;
4. 由开发商与代理人签订的商品房销售委托书,其委托范围是否包括签订商品房买卖合同。但即使代理人有权签订商品房买卖合同,合同中的卖方仍然应填写开发商的名称而不是代理人的名称。

(三)付款方式及期限

合同文本中付款方式一般有三种,即一次性支付、分期支付、按揭贷款支付,买受人可根据自己的实际情况与开发商约定付款方式。一次性支付、分期支付相对比较简单,按揭贷款支付方式较为复杂,容易出现纠纷,应进行详细约定:

1. 首付款支付的时间和数额,剩余房款的数额和贷款方式;
2. 因买受人或出卖人的原因导致未能获得银行贷款或获得贷款少于申请贷款数额的,双方约定违约责任及解决方式;
3. 出卖人为买受人贷款而提供阶段性担保的有关约定;
4. 因非双方原因,导致未能获得银行贷款或少于申请贷款数额的,双方应就具体付款方式另行约定,且不得排除解除合同的权利。

(四)基础设施、公共配套建筑

基础设施,一般是指与住宅小区或其他建筑相配套的供水、供电、燃气、通信、有线电视、道路、绿化等设施。公共配套建筑,是指与住宅小区或其他建筑相配套的教育、商业、服务、管理用房等建筑。

有些开发商在合同或销售广告中向买受人承诺小区的配套建设有网球场、游泳池、健身房、会所、下沉式音乐广场等,买受人应要求其将其承诺体现在商品房合同中。否则此承诺在交房时不兑现,买受人无法要求出卖人承担违约责任。双方应对基础设施的运行方式及违约责任做出详细约定,与该商品房有直接关联的基础设施的正常使用时间不得晚于交付时间、不得影响房屋的正常使用功能。例如水、电、天然气、上下水管道等是否开通和能否正常使用等。

(五)关于产权登记的时间和违约责任

合同双方可约定由出卖人在商品房交付使用后一定期限内,将办理权属登记需由出卖人提供的资料报产权登记机关备案。关于确定产权登记备案的期限,《商品房销售管理办法》第三十四条规定为60日;《城市房地产开发经营管理条例》第三十三条、最高人民法《关于审理商品房买卖合同纠纷案件适用法律若干问题的解释》第十八条规定为90日,双方可根据自己情况进行约定。

如因出卖人的责任,买受人不能在规定期限内取得房地产权属证书的,买受人可以选择退房并要求出卖人在约定期限内将已付房款退还并按已付房款的一定百分比赔偿买受人。买受人选择不退房的,可以与出卖人约定由出卖人按已付房款的一定百分比向买受人支付违约金。

(六)解决争议的办法

商品房合同在履行过程中发生的争议,由双方当事人协商解决;当双方当事人不能协商解决争议时,商品房买卖合同列举了两种解决办法:一是提请仲裁;二是提起诉讼。

仲裁之于诉讼,有以下几个特点:一是当事人有权选择处理争议的仲裁机构和仲裁员;二是仲裁实行一裁终局制;三是仲裁一般不公开进行;四是方便、快捷;五是仲裁机构本身没有强制执行机构,当事人不自动履行裁决的,由法院强制执行。如果当事人选择仲裁处理,必须明确、规范写明所选仲裁机构的名称。如果双方对仲裁机构没有约定或者约定不明确,且当事人达不成补充协议的,仲裁协议无效可选择诉讼方式解决争议。需要注意的是仲裁和诉讼两者只能择其一,如果双方合法地选择了仲裁条款,将不能再向法院起诉。

七、缴纳房屋交易税费

（一）契税

契税是以所有权发生转移变动的不动产为征税对象，向产权承受人征收的一种财产税。

1. 交费基数：普通住宅按商品房购房总房价；回迁房按超过置换房价值的价款部分。
2. 个人购买自用普通住房 90 平方米以下，按照 1% 缴纳；140 平方米以下，可减半征收契税，按 1.5% 计算；非普通住宅（140 平方米以上的）按 3% 计算；

（二）交易手续费

交易手续费收取标准为：住宅 3 元/平方米；非住宅 5 元/平方米。住房交易手续费转让方及受让方双方各缴纳一半，个人购买商品房的，由开发商缴纳。

（三）公共维修基金

公共维修基金的缴纳比例为所购房屋总价的 2%，由购房人缴纳，直接到房屋所在地的房管部门缴纳或由开发商代收。

（四）抵押登记费

如购房者需办理购房按揭抵押贷款，抵押登记费住宅房屋每套收取 80 元，非住宅房屋每套收取 550 元。

八、办理房屋所有权证书

（一）委托开发商办理房屋所有权证书

为了节省自己的时间和精力，买受人可以选择委托开发商或代理公司办理房屋所有权证书。在使用银行按揭贷款的情况下，部分银行在《住房按揭贷款合同》中强制加入"要求开发商协助将房屋所有权证书收押"的约定，这种情况下只能委托开发商或代理公司办理房屋所有权证书。

1. 签订委托协议

通常《商品房买卖合同》中有关于委托开发商代办房屋所有权证书的条款，这个条款本身就是委托协议。此外，很多开发商还会要求购房人在《商品房买卖合同》以外另签一份委托其代办房屋所有权证书，并同意入住前将契税和公共维修基金交由他们代收。

需要注意的是，在委托开发商代为办理房屋所有权证书的协议中应明确约定：

（1）开发商应该于什么期限内办理房屋所有权证书；

（2）开发商或代理公司应当于什么期限内提供缴纳相关税费的正式收缴凭证；

（3）双方应约定一旦因开发商原因导致不能如期办理或办证发生错误的情况时如何处理，最好明确约定"可以退房"或"不退房，但开发商应赔偿全部房款×%的赔偿金"等明确的违约处理方法；

（4）约定如果贷款银行扣押房屋所有权证书和《商品房买卖合同》的，购房人有权核验房屋所有权证书。因为这种情况下购房人往往只能看一眼房屋所有权证书，无法确认其真伪；

（5）约定办理抵押登记的事宜。有些银行不扣押房屋所有权证书，仅办理抵押登记，抵押登记的手续是否由开发商办理以及如何办理等事宜也应当约定清楚；

（6）约定代办费用的数额和缴纳方法，并要求提供正式的开发商盖章的收据。

2. 缴纳房屋登记费

房屋登记费住宅每件 80 元,非住宅每件 550 元,新建房屋转移登记不收取登记费。配图资料费 20 元。公共维修基金、契税等约定由开发商代收代缴的,也应一并缴纳。在缴纳相关税费时,一定要索取并保留好收款凭证,收款凭证上要有收款单位盖公章。

3. 按照约定时间领取房屋所有权证书

开发商代交上述税费之后,可向房管局申请办理房屋所有权证书,并办理抵押登记后,就可以领取房屋所有权证书了。如果贷款银行需要扣押房屋所有权证书和《商品房买卖合同》,一定要仔细核验房屋所有权证书上的记载事项,如面积、位置、权利人姓名、权属状态、他项权利等。一旦存在记载错误,应及时要求更改。如果约定代办两证的(房屋所有权证和土地使用权证),一定要核验是否齐全。

(二) 自己办理房屋所有权证书

目前购房者在购房时,因办理房屋所有权证书与开发商发生纠纷的情况时有发生。为保护购房者权益,很多城市规定符合相关条件后,购房者可自己到房管部门办理房屋所有权证书。

在办理房屋所有权证书之前,首先要确定是否符合自行办理的条件。如果购房只是一次性付款或贷款已经还清,则完全可以自行办理。如果是使用银行按揭贷款买房,要先仔细了解《住房按揭贷款合同》中是否有相关规定,部分银行在《住房按揭贷款合同》中强制加入"要求开发商协助将房屋所有权证书收押"、"需委托开发商代办房屋所有权证书"的条款,这种情况下难以自己办理,只能委托开发商或代理公司办理房屋所有权证书。

1. 确定开发商已经进行初始登记

开发商办理初始登记是自己办理房屋所有权证书的必要前提条件。根据《商品房销售管理办法》第三十四条第 2 款的规定,房地产开发企业应当在商品房交付使用之日起 60 日内,将其需要办理房屋权属登记的资料报送房屋所在地房地产行政主管部门。通常主管部门办理初始登记所需时间大约为 20~60 日不等,因此在收房入住后的两个月之后,可以向开发商询问办理初始登记的情况,也可以到本地的房地产交易信息网站进行查询。为确保自己的利益,买受人在《商品房买卖合同》中应对开发商办理初始登记的时限加以约定,尤其是开发商办理初始登记的最后期限以及办理完毕后的"及时通知义务"等,明确不及时办理所应承担的赔偿责任。

2. 到管理部门领取并填写《房屋(地)所有权登记申请表》

申请表填写之后需要开发商签字盖章。有的开发商手中会有现成的盖好章的表格,只需到开发商处领取并填写就行了。可以事先向开发商询问,房屋所有权证书应该在哪个部门办理,然后直接向该部门咨询,省去奔波之苦。

3. 拿测绘图(表)

由于测绘图(表)是登记部门确定房屋所有权证书上标注面积的重要依据,因此是必需的材料之一。买受人可以到开发商指定的房屋面积计量站申请并领取测绘表,或者带身份证直接到开发商处领取,也可以向登记部门申请对房屋面积进行测绘。

4. 领取相关文件

在前面询问相关部门时,一定要明确需要领取哪些必要的申请文件,一次齐全。这些文件包括购房合同、房屋结算单、大房屋所有权证书复印件等。填写好的申请表需要开发商审核并盖章。

5. 缴纳公共维修基金、契税等

公共维修基金一般由房产所在地区的小区办收取,部分城市已经开始由银行代收公共维修基金,缴纳的方法可以询问开发商的办事人员。需要注意的是,无论是小区办收取还是银行代收,都必须保留好缴纳凭证,这两笔款项的缴纳凭证是办理房屋所有权证书的必需文件,一旦遗失会影响获得房屋所有权证书。

6. 提交申请材料

办理房屋所有权证书需要提交的材料主要包括以下几种:
(1) 经开发商签字盖章的《房屋(地)所有权登记申请表》;
(2) 商品房买卖合同;
(3) 签订预售合同的买卖双方关于房号、房屋实测面积和房价结算的确认书;
(4) 测绘表、房屋登记表、分户平面图两份;
(5) 专项维修资金专用收据;
(6) 契税完税或减免税凭证;
(7) 购房者身份证明(复印件核对原件);
(8) 如该房屋为共有关系,申请人须提交共有协议;
(9) 银行的提前还贷证明。

7. 按照规定时间领取《房屋所有权证书》

保存好房产管理部门发的房屋所有权证书领取通知书,并按照上面通知的时间领取房屋所有权证书。另外,在缴纳产权登记费、工本费时需仔细核对房屋所有权证书的记载,尤其是面积、位置、权利人姓名、权属状态等重要信息。

§2 商品房预售操作程序

一、查验《商品房预售许可证》

为保护买受人的基本权利,国家对商品房预售实行许可制度。根据《城市商品房预售管理办法》的规定,商品房预售应当符合下列条件:
(1) 已交付全部土地使用权出让金、取得土地使用权证书;
(2) 持有建设工程规划许可证和施工许可证;
(3) 按提供预售商品房计算,建设投资达总投资的25%以上,并已经确定施工进度和竣工交付日期;
(4) 向县级以上人民政府房产管理部门办理预售登记,取得《商品房预售许可证》。

没有取得《商品房预售许可证》的预售合同是无效合同,无效合同的当事人的权利得不到法律保护。因此,买受人在签订预售合同前,应当首先查验出卖人在售楼现场公示的《商品房预售许可证》。买受人在查验《商品房预售许可证》时,应注意如下几点。

① 要求开发商出示《商品房预售许可证》原件,并注意审查开发商出示的《商品房预售许可证》是否在批准的预售许可有效期内。如《商品房预售许可证》已超出行政机关批准的

有效期,则购买该商品房将存在较大的法律风险。

② 审查《商品房预售许可证》批准的房地产项目建设单位与《商品房预售许可证》中的出卖人主体是否一致,如不一致则不能确定开发商销售的合法性。

③ 审查所选购的商品房是否在《商品房预售许可证》批准的预售范围之内,特别是在开发商对同一项目实行分期开发或分阶段施工时,应验证已有的商品房预售许可证是否包含所要预购的商品房。批准销售的房屋和买受人购买的房屋必须一致。

许可证的销售范围一般有以下几种表示方法:一是整个项目均可销售;二是某个项目的某几幢楼可销售;三是仅有某幢楼的某层或某单元甚至某套房可销售。买受人在查看《商品房预售许可证》时,一定要对照自己购买的房屋是否在销售许可范围之内,如未在销售许可范围之内,属于非法销售。

④ 确定所售商品房的性质及物业类型是经济适用房还是一般商品房。这决定了所购房屋购买资格、处置权利及物业费的标准等。

经济适用住房,是指政府提供政策优惠,限定建设标准、供应对象和销售价格,具有保障性质的政策性商品住房。经济适用住房一般控制在中小套型,中套住房面积控制在 80 平方米左右,小套住房面积控制在 60 平方米左右。经济适用房的土地使用权以划拨方式取得,因此,没有明确的使用年限的规定。经济适用房的房主只享有房屋占有权、房屋处分权、房屋使用权而不能享受房屋收益权,如将房屋上市交易,必须补交土地出让金及各种税费后才可上市。一般按照房屋所在地标定地价的 10% 交纳土地出让金,房屋所在地没有标定地价的,按照房屋买卖成交价的 3% 交纳土地出让金或者相当于土地出让金的价款;而商品房是完全产权,没有此项限制。

⑤ 核实项目名称是否与开发商的广告宣传是否一致。另外,一个项目在开发过程中项目名称可能会有变更,因此可能一个项目有几个名称,这时要核对名称是否一致或多个名称是否代表同一个项目。

二、签订商品房预售合同

签订商品房预售合同与签订商品房销售合同的注意事项大体一致,以下是签订商品房预售合同时需要特别注意的。

(一)房屋的基本情况

买受人应仔细审查合同文本中关于所购商品房的基本情况,落实房屋的基本构造是否与合同附件相符并落实三项面积数额,并要了解该房屋计价的方式。

商品房价款的确定方式主要有以下几种:按建筑面积计算;按套内建筑面积计算;按套计算。其中,建筑面积是指建筑物外墙所围成空间的水平面积,包括房屋居住使用的面积、墙体占地面积、楼梯走廊面积及其他公摊面积,其计算公式是:建筑面积=套内建筑面积+分摊的公用建筑面积。套内建筑面积由套内房屋使用面积、套内墙体面积、套内阳台建筑面积三部分组成。其计算公式是:套内建筑面积=套内房屋使用面积+套内墙体面积+套内阳台建筑面积。对于按套计价的方式,最好适用于现房销售,对商品房预售最好不要用这一方式计价。

照按建筑面积计价的,买受人应当在合同中约定套内建筑面积和分摊的共有建筑面积,并约定建筑面积不变而套内建筑面积发生误差以及建筑面积与套内建筑面积均发生误差时的处理方式。以防止出卖人随意改变建筑面积与公摊面积的比例,损害买受人的合法利益。

(二)面积误差的处理

按套内建筑面积或者建筑面积计价的,当事人应当在合同中载明合同约定面积与产权登记面积发生误差的处理方式。合同没有约定或约定不明确的,按以下原则处理:

(1) 面积误差比绝对值在3%以内(含3%)的,据实际结算房价款;

(2) 面积误差比绝对值超出3%时,买受人有权退房。买受人退房的,出卖人应当在买受人提出退房之日起30日内将买受人已付房价款退还给买受人,同时支付已付房价款利息。买受人不退房的,产权登记面积大于合同约定面积时,面积误差比在3%以内(含3%)部分的房价款由买受人补足;超出3%部分的房价款由出卖人承担,产权归买受人。产权登记面积小于合同约定面积时,面积误差比绝对值在3%以内(含3%)部分的房价款由出卖人返还买受人;绝对值超出3%部分的房价款由出卖人双倍返还买受人。

$$面积误差比 = \frac{产权登记面积 - 合同约定面积}{合同约定面积} \times 100\%$$

(三)房屋交付期限及逾期交房的违约责任

1. 交付期限

合同双方应在合同中约定房屋交付期限,出卖人应在约定期限内,依照国家和地方人民政府的有关规定,将具备合同约定条件的商品房交付买受人使用。

2. 出卖人逾期交房的违约责任

商品房买卖合同一般约定:出卖人如未按合同规定的期限将该商品房交付买受人使用,按逾期时间,分别处理(不作累加)。

逾期天数如果未超过双方约定的宽限期,则合同继续履行,不得解除,但出卖人应以买受人已付房款数额为基数,按逾期天数和约定比例向买受人支付违约金;若逾期交房超过宽限期的,买受人通常有权选择是否解除合同。买受人此时要求解除合同的,出卖人应退还全部已付购房款,同时还需按约定支违宽限期内的违约金;逾期时间超过宽限期,买受人又不解除合同的,出卖人除支付宽限期内的违约金外,自宽限期截止的次日起,还应向买受人支付较大比例的违约金,该比例双方自行约定,支付期限直至交付房屋时止。

(四)要求开发商进行初始登记

初始登记指新建房屋的拥有者(开发商),为确认其房屋归属取得房屋所有权而向房产管理机关申请登记、发证,房产管理机关经审核有关情况后予以登记,向其颁发房屋所有权证书,确认其房屋所有权的行为。

对商品房买卖而言,房地产开发企业应当在新建房屋竣工后的三个月内向房屋行政登记机关申请房屋所有权初始登记,即申请取得房屋所有权证,并应提交用地证明文件或者土地使用许可证、建设工程规划许可证、施工许可证、房屋竣工验收资料以及其他有关证明。开发商只有在经过了初始登记后,并取得所建商品房的房屋所有权证后,购房人才能申请房屋权属转移登记。

购房者可要求开发商在《商品房买卖合同》中明确办理初始登记的期限,以及未按照约定期限办理初始登记时开发商应承担的违约责任。

三、进行预告登记

预告登记指当事人约定买卖期房或者转让其他不动产物权时,为了限制债务人处分该不动产,保障债权人将来取得物权而作的登记。《中华人民共和国物权法》(以下简称《物权法》)第20条规定:"当事人签订买卖房屋或者其他不动产物权的协议,为保障将来实现物权,按照约定可以向登记机构申请预告登记。预告登记后,未经预告登记的权利人同意,处分该不动产的,不发生物权效力。""预告登记后,债权消灭或者自能够进行不动产登记之日起三个月内未申请登记的,预告登记失效。"

在商品房预售中,买受人在与出卖人签订完商品房预售合同后,可以持已登记备案的商品房预售合同、双方身份证明、商品房销售专用发票和销售结算单等文件到所在省市房管局业务大厅进行预告登记,以制约开发商把已出售的住房再次出售或者进行抵押。预告登记后,未经买受人同意,处分该房屋的,不发生法律效力。如买受人与出卖人协商一致撤销合同或预售的商品房意见并具备一切办理产权转移登记的条件后,买受人应当在三个月内申请注销预告登记或进行房屋所有权转移登记,否则预告登记失效。

四、房屋交接

开发商建好预售的房屋后,在符合交付条件时,应及时向买受人交付。交付使用的商品房应当符合下列条件:

1. 建设工程已经验收合格并依法向有关部门备案;
2. 配套的基础设施和公共设施已经按照规划设计建成,并经验收合格;
3. 前期物业管理已经落实。

商品房在具备以上条件后,出卖人可以向买受人交付房屋。在交付房屋时,买受人应注意以下事项。

(一)通知

商品房具备合同规定的条件后,出卖人应书面通知买受人。

首先发出该通知的时间要在房屋交付期限之内,其次该通知必须是书面形式,最后是发出该通知的时候,合同规定的交付条件应具备的文件均应完备。如果是口头通知或在不具备交付条件的情况下发出的通知,均应视为无效的通知,购房者可以不予接受,由此造成的延期交房责任应由出卖人承担。应注意通知的有效性。

(二)查验文件

双方进行验收交接时,出卖人应当出示房屋验收合格、符合合同约定的证明文件,并签署房屋交接单。而所购买商品房为住宅的,出卖人还需提供《建筑工程竣工验收备案表》、《住宅质量保证书》和《住宅使用说明书》。出卖人不出示证明文件或出示证明文件不齐全的,买受人有权拒绝交接,由此产生的延期交房责任由出卖人承担。买受人应及时查验文件的真实性、有效性。

(三)查验房屋

买受人在接收房屋前,有权按照合同约定对房屋进行现场查验,出卖人不得以缴纳相关税费或者签署交接单、物业管理文件作为买受人查验该商品房的前提条件。如果发现所交付的商品房和小区配套设施不符合合同约定或存在质量问题的,买受人应当以书面形式向出卖人提出异议,出卖人认为异议成立的,应当予以修复整改或采取双方同意的其他处理方式。如果买卖双方对所交付的商品房是否符合合同约定有不同意见的,可协商解决,协商不成的,按照合同约定的方式向人民法院起诉或向仲裁机关申请仲裁。

（四）签署交接单

如果买受人确认所交付的房屋符合法律规定和合同约定，出卖人也已确认买受人按合同约定履行了付款义务，双方应当签署房屋交接单。

（五）物业设施的交接

小区内共用部位、共用设施设备的承接验收按照《物业承接查验办法》执行，在前期物业服务合同中应进行明确约定，由物业公司进行查验交付，并向业主出具承接验收单。

相关税费的缴纳和产权证书的办理可参考"§1商品房现售操作程序"的相关内容。

§3 二手房交易操作程序

一、看房

（一）核实产权及其所有人基本情况

购买人在购买二手房之前，需认真审查房屋产权的完整性和可靠性，买受人可要求出卖人提供《房屋所有权证书》、《土地使用权证书》、出卖人的身份证、户口簿、结婚证等证件。

1. 购买人需认真核实房屋所有权证书上的产权人与出卖人的身份证是否一致。如果该房屋为产权人委托代理人代为销售，则需要代理人提供经过公证的授权委托书。

2. 如果房屋属于共有产权，购买人可要求出卖人提供共有人同意出售房屋的书面证明。否则如果只是部分共有人擅自处分共有房产，其他共有人没有同意出售该房产，双方的买卖行为有可能被归于无效。在签订房产买卖合同时，共有人如不能到场，需出具经过公证的委托书及代理人身份证件，由代理人代为签合同。

（二）查看房屋外观和环境状况

购买人在购房前要对房屋的状况进行了解。

1. 房屋建筑状况。如房屋坐落、户型、结构、朝向、通风、采光、质量、面积、层高、装修、水电暖供应情况等。

2. 房屋小区状况。如周边交通、生活配套、小区绿化、噪声、电梯、保安、业委会、物业服务等。

购买人要认真考察房屋周围有无污染源，如噪声、有害气体、水污染、垃圾等，以及房屋周围环境、小区安全保卫、卫生清洁等方面的情况。还需要了解一下未来几年的市政规划是否影响居住，例如附近建造高层住宅影响采光或面临拆迁无法居住等。

（三）核查房屋产权的登记情况

房屋属于不动产，根据我国《物权法》的规定，不动产登记簿是物权归属的根据，不动产登记簿由登记机构管理。房屋所有权证书记载的事项与不动产登记簿的记载不一致的，以不动产登记簿为准。因此，购房二手房屋一定要核查拟购买房屋的登记情况，确保登记事项与房屋所有权证书记载内容一致。常见查询方法如下。

1. 网上查询。点击省市链接进入各地房产管理局网站进行查询，需要输入产权人姓名、产权证号等信息即可查询（目前只有部分地区提供房屋产权信息查询）。

2. 到房产登记部门现场查询。若要查询准确的个人房屋所有权证书信息（包括房屋所有人名称、产权证号、登记核准日期、建筑面积、房屋设计用途、权利来源、房屋是否抵押、是否被查封等),则必须携带个人身份证件及房屋所有权证书到当地的房地产登记部门(房地产交易中心、房屋管理局、房管处)档案馆或办事窗口查询。

(四)核查房屋权利的完整情况

房屋坐落土地使用权类型,使用期限,土地及房屋用途,房屋所有权性质,房屋是否存在抵押、出租、查封、冻结转让,是否已列入拆迁范围等情况都会影响到权利人的各种权益和风险,因此要对这些情况一一查明。

1. 通过审查房屋所有权证书,购买人可了解房屋所占用面积下的土地使用权的类型以及土地使用权的期限。如果土地使用权为划拨,则在交易时有可能涉及补交土地出让金,增加交易难度。根据我国《城镇国有土地使用权出让和转让暂行条例》第十二条规定,土地使用权出让最高年限按下列用途确定:居住用地70年;工业用地50年;教育、科技、文化、卫生、体育用地50年;商业、旅游、娱乐用地40年;综合或者其他用地50年。购房者应仔细审查欲购买的房屋所剩余的土地使用年限,以防止出现不必要的麻烦。

2. 明确房屋性质。在购买前,购买人还应明确房屋的性质。商品房是完全产权的房屋,可以自由进行交易,但经济适用房、公房的上市程序与商品房不同。

经济适用住房是指已经列入国家计划,由城市政府组织房地产开发企业或者集资建房单位建造,以微利价向城镇中低收入家庭出售的住房,它是具有社会保障性质的商品住宅,具有经济性和适用性的特点。其土地使用权在取得时由国家免收土地出让金,所以在上市交易时受到一定限制。经济适用房在房屋所有权证上已经注记为"经济适用房",取得契税完税凭证或房屋所有权证满五年后,可以按市场价格出售,产权人应按出售价格的10%补交土地收益等价款。

已购公有住房是指城镇职工根据国家和县级以上地方人民政府有关城镇住房制度改革政策的规定,按照成本价或标准价购买的公有住房。按成本价购买的房改房,其房屋的使用、占有、处置的权利全部归产权人所有,不需经过原产权单位的同意就可处置。但其房屋所有权证书上有未缴纳土地出让金和以成本价购买等记载,因此在进行再转让时,买卖双方应根据不同的规定补交一定的费用,否则不能办理过户手续。以标准价购买的房屋产权是单位和职工家庭共有产权,在房屋需要进行买卖转让时,必须与单位协商,除补交相应的土地出让金外,还要给予单位相应的效益。单位有权限价出售并享有优先购买权。

3. 已被查封、列入拆迁范围、冻结转让的房屋,禁止交易,即使私下交易也无法办理过户手续,无法将户口迁入,这样的房屋不能购买。购房人可以直接到产权登记部门查询拟购房屋是否存在上述情况。另外,如果房屋已出租,根据"买卖不破租赁"原则,在租赁合同期限未届满之前买卖房屋的,出租人必须在出售房屋前三个月告知承租人,承租人对其承租的房屋在同等条件下有优先购买权。承租人表示不购买房屋的,在租赁合同期限届满之前,租赁合同一直有效。新房屋的产权人不得解除租赁合同。所以购买已设有租赁权的二手房,应要求出卖人提供承租人出具的放弃优先购买权的声明,避免不必要的纠纷。

二、签约

买受人在确认房屋产权明晰,房屋状况符合要求后可与出卖人签订《二手房交易合同》,

签订合同时需注意以下事项。

（一）详细约定房屋基本概况

房屋基本概况包括房屋坐落、产权证书号、幢号、房号、结构、总层数、所在楼层、建筑面积、设计用途、共有人、土地情况、租赁情况、抵押情况、使用年限等。

（二）明确房屋价格和计价方式

房屋成交价格中，明确规定价格为按套转让价格，包括房屋的附属设施、设备、物品等。这是因为大多数二手房的公摊较小，有的存在使用面积超过产权面积的情况，所以约定按套转让。此外，以前的二手房交易经常出现交易成功后，卖方搬走所有家具，甚至包括门窗等附属物品的问题，新的合同则明确约定了哪些东西是随房屋一起交易的设施、设备、物品。避免过多的纠纷。

（三）过户方式和税费缴纳

双方应明确规定房屋所有权证过户方式、办证所需提交的资料以及办证时间、办证责任方。如果交易因为未能及时办证而失败，可以明确责任方，由过错方承担违约责任并支付违约金。

关于税费的缴纳也应明确约定由哪一方承担。二手房买卖涉及的税种主要有营业税和个人所得税。

1. 营业税

自2010年1月1日起，个人将购买不足5年的非普通住房对外销售的，全额征收营业税；个人将购买超过5年（含5年）的非普通住房或者不足5年的普通住房对外销售的，按照其销售收入减去购买房屋的价款后的差额征收营业税；个人将购买超过5年（含5年）的普通住房对外销售的，免征营业税。

2. 个人所得税

对个人转让自用5年以上并且是家庭唯一生活用房的房屋在卖出时可免征个税；出售自有住房前后一年内按市场价格再购房的，其出售原有住房应缴纳的个人所得税，可以视新购房的价值进行全部或部分免税；凡是房产交付时间不足2年的，需要交纳个人所得税。

此外，以成本价购得的房改房上市销售还需要交纳土地出让金。

（四）房款支付

买卖双方可约定付款方式，按照一次性付款、分期付款、担保贷款三种方式，明确订金金额、首付款金额、支付时间、付款条件、余款支付时间、买受人提供贷款资料时间等内容。同时规定了买受人逾期付款的违约责任，以及违约处理情况，违约金的具体比例或者金额。避免因为约束不清，而产生因房款无法及时支付、贷款无法按时办理等问题引起的纠纷。

（五）房屋交付

双方必须填写明确的房屋交付时间，约定在交付房屋前甲方有义务腾空房屋、将其落户于该房屋的户籍关系迁出以及协助买受人办理公共维修基金余额的结算与更名，并保证该房屋没有设定担保、没有权属纠纷，保证该房屋不受他人合法追索。房屋一经交付，出卖人不再承担任何维修责任。双方可约定交房的方式，同时约定交付内容：出卖人迁出房屋，结清已发生的全部水、电、气、电话、收视费、宽带、物管费等，交付房屋钥匙；并需要约定出卖人逾期交房的违约责任以及具体处理方式、违约金比例或者金额,买受人有权要求是否继续合同等。这样可以有效防止因出卖人故意延迟交房等问题引起的纠纷。

(六) 变更合同

变更合同规定了合同履行期间任何一方要求变更合同条款的,应及时书面通知对方,并征得对方的同意后,在约定的时限内,签订补充协议,注明变更事项,并明确规定擅自变更合同的责任承担方。

(七) 违约责任

双方可规定哪些是违约情形;违约责任如何承担;违约金、定金、赔偿金的计算与给付;规定免责条款;如有担保,应规定担保的形式;对违约金或定金的选择适用问题。

(八) 争议解决方式

双方可约定合同履行过程中发生争议时的解决方式。这里主要约定解决争议是采用仲裁方式还是诉讼方式,需要注意的是,如果双方同意采用仲裁的方式解决纠纷,就无法再去法院诉讼,并且要约定具体的仲裁机构。如果没有约定仲裁,那么当纠纷发生时,双方可以去法院诉讼,也可以约定仲裁机构进行仲裁。

三、履行合同

(一) 按合同约定付房款

根据我国《合同法》的规定,合同一旦签订完毕,立即发生法律效力。买受人的主要义务是支付房款,买受人应按照合同约定的期限、方式,向出卖人支付定金或首付款。

(二) 房屋交接

交房有利于防止卖方一房两卖,买受人也可以尽快使用房屋。出卖人应按照合同约定的交房时间和条件进行交接房屋,如无约定交钥匙视同交房。在进行房屋交接时,买受人应注意检查房屋的天花板、门、窗、墙、厨、卫等部分的设施、设备和质量情况,查看水、电、暖、煤气、天然气的账单,双方到房屋所在的物业管理公司办理以交房当日为准结算物业管理费,同时办理物业进户手续。双方还需共同办理有线电视、煤气、天然气、上网宽带以及公共维修基金的结算和过户。

(三) 过户登记

在房屋交接完毕后,出卖人应协助买受人一起办理房屋所有权的转移手续。

1. 将房屋的产权过户登记到买受人名下,并办理房屋所有权证书;
2. 过户所涉税费依照合同约定分别承担;
3. 房屋买卖完成后,卖方(原户主)应将登记在该房屋下的居民户口迁出,以便买方(新户主)将户籍迁入。

(四) 结清剩余房款

当房屋所有权转移已经办理完毕,买受人已经取得房屋的所有权,应按照合同约定的时间和方式将剩余房屋价款支付给出卖人,双方交易完毕。

附：商品房买卖合同范本

商品房买卖合同示范文本(2010版)

商品房买卖合同说明：

1. 本合同文本为示范文本，也可作为签约使用文本。签约之前，买受人应当仔细阅读本合同内容，对合同条款中专业用词理解不一致的，可向当地房地产行政管理部门咨询。

2. 当事人在签订合同时应认真核对，以确保各份合同内容一致。建议在律师指导下签订本合同。

3. 本合同所称商品房是指由房地产开发企业开发建设并出售的房屋。

4. 本合同文本中涉及的选择、填写内容以手写项为优先。合同签订生效后，未被修改的文本印刷文字视为双方同意内容。

5. 对合同文本【 】中选择内容、空格部位填写及其他需要删除或添加的内容，双方应当协商确定。在【 】中选择内容，以划√方式选定，未选择的打×；对于实际情况未发生或买卖双方不作约定时，应在空格部位打×，以示删除。

6. 出卖人为了重复使用而预先拟定，并在订立合同时未与买受人协商的条款，应当符合《中华人民共和国合同法》有关格式条款的规定。

7. 未经省建设厅和省工商行政管理局批准，任何单位和个人不得擅自印制、出售本合同文本。

8. 本合同条款由省建设厅和省工商行政管理局负责解释。

商品房买卖合同

（合同编号：_____）

合同双方当事人：_____
出卖人：_____
注册地址：_____
营业执照注册号：_____
企业资质证书号：_____
法定代表人：_____ 联系电话：_____
邮政编码：_____
委托代理人：_____ 联系地址：_____
身份证号码：_____
邮政编码：_____ 联系电话：_____
委托代理机构：_____
注册地址：_____
营业执照注册号：_____
代理机构经当地房地产行政主管部门备案号：_____
法定代表人：_____ 联系电话：_____
邮政编码：_____
买受人：_____

【本人】【法定代表人】姓名：_____

国籍：_____

【身份证】【护照】【营业执照注册号】【_____】号码：_____

联系地址：_____

邮政编码：_____联系电话：_____

【委托代理人】【姓名：_____国籍：_____

联系地址：_____

邮政编码：_____电话：_____

根据《中华人民共和国合同法》、《中华人民共和国城市房地产管理法》、《中华人民共和国物权法》及其他有关法律、法规之规定，买受人和出卖人在平等、自愿、协商一致的基础上就买卖商品房达成如下协议：

第一条 项目建设依据

出卖人以_____方式取得位于_____、编号为_____的地块的土地使用权。【土地使用权出让合同号】【土地使用权划拨批准文件号】【划拨土地使用权转让批准文件号】【国有土地使用权证号】为_____。

该地块土地面积为_____平方米，规划用途为_____，土地使用年限自_____年____月____日至_____年____月____日。

出卖人经批准，在上述地块上建设商品房，【现定名】【暂定名】_____。建设工程规划许可证号为_____，施工许可证号为_____。

第二条 商品房销售依据

买受人购买的商品房为【现房】【预售商品房】。预售商品房批准机关为_____，商品房预售许可证号为_____。现售商品房备案机关为_____，现售备案号为_____。

出卖人在签订本合同时，已向买受人出示上述国有土地使用权证（或其他有效用地证明文件）、建设工程规划许可证、施工许可证、商品房预售许可证和白蚁预防合同及出卖人的营业执照、开发资质证书等相关证件的原件或复印件。

第三条 买受人所购商品房的基本情况

买受人购买的商品房（以下简称该商品房，经有权机关批准的房屋所在层平面图见本合同附件一，房号以附件一表示为准）为本合同第一条规定的项目中的：

第_____【幢】【座】_____【单元】【层】_____号房。

该商品房的用途为_____，属_____结构，层高为_____米，位于所在建筑设计标高±0.000【地上】【地下】第_____层。建筑层数地上最高_____层，地下_____层。

该商品房阳台为封闭式_____个，非封闭式_____个。

该商品房【合同约定】【产权登记】建筑面积共_____平方米，其中，套内建筑面积_____平方米，公共部位共有分摊建筑面积_____平方米（有关公共部位位置及共有分摊建筑面积计算构成说明见附件二）。

该商品房所在建筑采用的节能措施、指标见附件三。

第四条 计价方式与价款

出卖人与买受人约定按下述第_____种方式计算该商品房价款：

1. 按建筑面积计算,该商品房单价为(_____币)每平方米_____元,总金额(_____币)_____千_____百_____拾_____万_____千_____百_____拾_____元整。

2. 按【套】【间】【位】计算,该商品房总价款为(_____币)_____千_____百_____拾_____万_____千_____百_____拾_____元整。

3. 按套内建筑面积计算,该商品房单价为(_____币)每平方米_____元,总金额(_____币)_____千_____百_____拾_____万_____千_____百_____拾_____元整。

4. _____。

除上述购房款外,其他由出卖人代收的费用项目按以下标准、时间收取_____
_____。

第五条 面积确认及面积差异处理

根据当事人选择的计价方式,本条规定以【建筑面积】【套内建筑面积】(本条款中均简称面积)为依据进行面积确认及面积差异处理。

当事人选择按【套】【间】【位】计价的,不适用本条约定,双方可在附件六另行约定。

合同约定面积与产权登记面积有差异的,以产权登记面积为准。

商品房交付后,合同约定面积与产权登记面积发生差异,双方同意按以下原则处理:

1. 建筑面积、套内建筑面积误差比绝对值均在3%以内(含3%)的,据实结算房价款;

2. 建筑面积、套内建筑面积误差比绝对值其中任何一项超出3%时,买受人有权退房。

买受人退房的,出卖人在买受人书面提出退房之日起30日内将买受人已付款(含买受人向银行按揭贷款部分的本金及已支付利息,下同)退还给买受人,并按_____%利率付给利息。

买受人不退房的,按以下方式处理:

产权登记面积大于合同约定面积时,面积误差比在3%以内(含3%)部分的房价款由买受人补足;超出3%部分的房价款由出卖人承担,产权归买受人。产权登记面积小于合同约定面积时,面积误差比绝对值在3%以内(含3%)部分的房价款由出卖人返还买受人;绝对值超出3%部分的房价款由出卖人双倍返还买受人。但共有分摊部分面积增加超过其合同约定面积3%的,买受人不承担超出3%部分的房价款。

面积误差比=(产权登记面积－合同约定面积)/合同约定面积×100%

因设计变更造成面积差异,双方不解除合同的,应当签署补充协议。

第六条 付款方式及期限

如属预售商品房,买受人应当按时依约定将房价款存入到指定的银行预售款监管账户上。监管账户应当与办理商品房预售许可时申报的一致。

监管银行:_____

监管账户:_____

买受人按下列第_____种方式按期付款:

1. 一次性付款_____
_____。

2. 分期付款:

_____年____月____日前支付全部购房款的_____%,计(_____币)_____千_____百_____拾_____万_____千_____百_____拾_____元整。

_____年____月____日前支付全部购房款的_____%,计(_____币)_____千

_____百_____拾_____万_____千_____百_____拾_____元整。
_____年____月____日前支付全部购房款的_____%，计(_____币)_____千_____百_____拾_____万_____千_____百_____拾_____元整。

3. 其他方式_____。

第七条　买受人逾期付款的违约责任

买受人如未按本合同约定的时间付款，按下列第_____种方式处理：

1. 按逾期时间，分别处理(不作累加)

(1) 逾期不超过_____日，自本合同规定的应付款期限之第二天起至实际全额支付应付款之日止，买受人按日向出卖人支付逾期应付款万分之_____的违约金，合同继续履行；

(2) 逾期超过_____日后，买受人在出卖人书面催告日后仍未支付应付款的，出卖人有权解除合同。出卖人解除合同的，买受人按累计应付款的%向出卖人支付违约金。买受人愿意继续履行合同的，经出卖人同意，合同继续履行，自本合同规定的应付款期限之第二天起至实际全额支付应付款之日止，买受人按日向出卖人支付逾期应付款万分之(该比率应不小于第(1)项中的比率)的违约金。

本条中的逾期应付款指依照本合同第六条规定的到期应付款与该期实际已付款的差额；采取分期付款的，按相应的分期应付款与该期的实际已付款的差额确定。

2. _____。

第八条　交付条件与期限

出卖人应当在_____年____月_____日前，依照国家和地方人民政府的有关规定，将同时符合下列各项约定条件的商品房交付买受人使用：

1. 该商品房经建设单位依法组织勘察、设计、施工、监理等单位竣工验收合格和消防验收合格；

2. 该商品房所在建筑物生活给排水、用电、管道燃气、电信、有线电视、消防、邮政信报箱等设施达到设计要求条件；

3. 小区内部道路、绿化、室外照明、消防、环卫及其他商业、社区服务和管理等公共配套建筑、基础设施按规划设计要求建设完成。分期建设的，该商品房所在分期建设部分应按规划设计要求全部完成，并与在建工程之间设置有效的隔离设施和施工安全设施；

4. _____。

如果在规定日期内未达到上述条件，双方同意按以下第_____种方式处理：

1. 买受人有权拒绝交接，按逾期交房由出卖人承担违约责任；

2. 买受人同意接收，出卖人支付买受人(_____币)_____元违约金。

但如遇下列特殊原因，除双方协商同意解除合同或变更合同外，出卖人可据实予以延期：

1. 遭遇不可抗力，且出卖人在发生之日起_____日内书面告知买受人的；

2. _____。

第九条　出卖人逾期交房的违约责任

除本合同第八条规定的特殊情况外，出卖人如未按本合同规定的期限将该商品房交付买受人使用，按下列第_____种方式处理：

1. 按逾期时间，分别处理(不作累加)

(1) 逾期不超过_____日,自本合同第八条规定的最后交付期限的第二天起至实际交付之日止,出卖人按日向买受人支付已付款万分之_____的违约金,合同继续履行;

(2) 逾期超过_____日后,买受人有权解除合同。买受人解除合同的,出卖人应当自买受人解除合同书面通知到达之日起_____天内退还全部已付款,并按买受人已付款的％向买受人支付违约金。买受人要求继续履行合同的,合同继续履行,自本合同第八条规定的最后交付期限的第二天起至实际交付之日止,出卖人按日向买受人支付已付款万分之_____(该比率应不小于本条第(1)项和第七条中的比率)的违约金。

2._____。

第十条 规划、设计变更的约定

下列经规划部门批准的规划变更、设计单位同意的设计变更导致影响到买受人所购商品房质量或使用功能的,出卖人应当在有关部门批准同意之日起10日内,书面通知买受人:

(1) 变更该商品房结构形式、户型、空间尺寸及形状、朝向;

(2) 变更小区总体规划设计和基础设施、公共配套设备设施;

(3) 变更房屋节能措施及指标;

(4) _____;

(5) _____。

买受人有权在通知到达之日起15日内做出是否退房的书面答复。买受人在通知到达之日起15日内未作书面答复的,视同接受变更不退房。出卖人未在规定时限内通知买受人的,买受人有权退房。

买受人退房的,出卖人须在买受人书面提出退房要求之日起30日内将买受人已付款退还给买受人,并按_____利率付给利息。买受人不退房的,应当与出卖人另行签订补充协议;因出卖人原因,造成买受人损失的,出卖人应当给予_____合理补偿。

第十一条 交接

商品房达到交付使用条件后,出卖人应当书面通知买受人办理交付手续。双方进行验收交接时,出卖人应当出示本合同第八条规定条件已达到的有关证明文件原件,并签署房屋交接单。所购商品房为住宅的,出卖人还需提供《住宅质量保证书》和《住宅使用说明书》。出卖人不出示证明文件或出示证明文件不齐全,或要求收取本合同约定范围以外的费用,买受人有权拒绝交接,由此产生的延期交房责任由出卖人承担。

由于买受人原因,未能按期交付的,双方同意按以下方式处理:_____
_____。

第十二条 出卖人保证销售的该商品房在向买受人交付时没有出卖人设定的抵押权、产权纠纷和其他债权债务纠纷。因出卖人原因造成该商品房不能按时办理本合同登记备案、按揭贷款、预告登记、产权登记或发生债权债务纠纷的,由出卖人承担全部责任。

第十三条 出卖人关于室内分隔、装饰、设备标准、节能措施及指标承诺的违约责任

出卖人交付使用的商品房的室内分隔、装饰、设备标准、节能措施及指标应符合双方约定(附件三)的标准。达不到约定标准的,买受人有权要求出卖人按照下述第_____种方式处理:

1. 出卖人赔偿双倍的装饰、设备、节能设施差价。

2. _____。

第十四条 关于产权登记的约定

出卖人应当在商品房交付使用后 60 日内,向当地房屋权属登记机构办理房屋所有权初始预登记,并将办理权属登记需由出卖人提供的资料交付买受人。如因出卖人原因,买受人不能在商品房交付使用后 90 日内取得房屋权属证书的,双方同意按下列第_____项处理:

1. 买受人退房,出卖人在买受人书面提出退房要求之日起 30 日内将买受人已付款退还给买受人,并按_____%利率付给利息,同时按已付款的_____%赔偿买受人损失。

2. 买受人不退房,出卖人自逾期之日起每日按买受人已付款的_____‰向买受人支付违约金。

经买受人书面委托,出卖人可向房屋权属登记机构代办权属登记,相关费用等具体事项在合同附件六中另行约定。

第十五条 保修责任

买受人购买的商品房为商品住宅的,《住宅质量保证书》作为本合同的附件。出卖人自商品住宅交付使用之日起,按照《住宅质量保证书》承诺的内容承担相应的保修责任。

买受人购买的商品房为非商品住宅的,双方应当以合同附件的形式详细约定保修范围、保修期限和保修责任等内容。

在商品房保修范围和保修期限内发生质量问题,出卖人应当履行保修义务。因不可抗力或者住户不当使用造成的损坏,出卖人不承担责任,但可协助维修,维修费用由购买人承担。

第十六条 除附件二所列本幢计入分摊面积的公共部位外,以下其他公共部位和小区内公共场所的所有权属全体业主:
_____。
法律、法规另有规定的除外。

第十七条 买受人购买的该商品房仅作_____用途使用,买受人使用期间不得擅自改变该商品房的建筑主体结构、承重结构、建筑屋顶、外墙、外窗(含天窗)的隔热、保温结构和用途。买受人擅自改变的,相应法律后果由买受人承担。除本合同及其附件另有规定者外,买受人在使用期间有权与其他权利人共同享用与该商品房关联的公共部位和设施,并承担相应义务。

出卖人不得擅自改变与该商品房有关联的公共部位和设施的使用性质。

第十八条 前期物业服务约定

本商品房项目由出卖人依法以【招标】【协议】方式选聘_____公司提供前期物业服务,服务内容及质量标准等见合同附件四。

专项维修资金由买受人按有关规定缴交,计人民币_____拾_____万_____千_____百_____拾_____元整,于_____年_____月_____日前缴交到房地产行政主管部门委托的商业银行监管账户上。

监管银行:_____
监管账户:_____

第十九条 买受人已详细阅读并理解本合同附件四有关前期物业服务合同和附件五临时管理规约的全部内容,买受人同意由出卖人依法选聘的物业服务企业按期提供前期物业服务,同意按本合同附件四前期物业服务合同约定的价格和方式交纳物业服务费用,并同意遵守临时管理规约。

第二十条 文书送达

本合同确定的联系地址为各类通知、文书送达的地址,如有变动应及时通知对方当事人和登记机构,否则造成相关通知文书无法送达的,将视同已经送达,由此产生的法律责任由当事人自行承担。

第二十一条 本合同在履行过程中发生的争议,由双方当事人协商解决;也可请求当地消费者委员会调解处理,或者向当地工商行政管理部门申诉。协商不成的,按下述第___种方式解决:

1. 提交_____仲裁委员会仲裁;
2. 依法向人民法院起诉。

第二十二条 本合同未尽事项,可由双方约定后签订补充协议(附件六),但补充协议中不得含有减轻或免除本合同中约定应当由出卖人承担的责任,或加重买受人责任、排除买受人主要权利的内容。

双方同意以下有关广告、宣传资料作为本合同附件:_____
_____。

第二十三条 本合同附件与本合同具有同等法律效力。本合同及其附件内,空格部分填写的文字与印刷文字具有同等效力。

第二十四条 本合同连同附件共_____页,一式份,具有同等法律效力。合同持有情况如下:

出卖人_____份(其中房屋权属登记机构办理预售合同登记备案时存档壹份),买受人_____份(原件不少于一份),_____ _____份。

第二十五条 本合同自双方签订之日起生效。本合同签订之日起_____日内,由【买受人】【出卖人】向房屋权属登记机构_____申请预告登记。

第二十六条 商品房预售的,自本合同生效之日起 30 日内,由出卖人向_____办理合同登记备案。

出卖人(签章):_____   买受人(签章):_____

【法定代表人】:_____   【法定代表人】:_____

【委托代理人】:_____   【委托代理人】:_____

_____(签章)   _____(签章)

____年____月____日   ____年____月____日

签于_____   签于_____

附件一:房屋分层平面图

附件二:公共部位共有分摊建筑面积构成说明

附件三:建筑节能措施、指标和室内分隔、装饰装修、设备标准

1. 房屋节能措施、围护结构保温隔热性能指标

屋顶:采取_____节能措施,

传热系数 K：_____ W/(m²·K)；

外墙：采取_____节能措施，

传热系数 K：_____ W/(m²·K)；

外窗(含天窗)：采取_____节能措施，

传热系数 K：_____ W/(m²·K)；

遮阳系数 SC：_____

气密性：_____ m³/(m·h)且_____ m³/(m²·h)

2. 外墙：

3. 内墙：

4. 室内分隔部位：

5. 顶棚：

6. 楼(地)面：

7. 门窗：

8. 厨房：

9. 卫生间：

10. 阳台：

11. 电话：

12. 有线电视：

13. 互联网络：

14. 电梯：

15. 楼梯：

16. 其他：

附件四：前期物业服务合同

附件五：临时管理规约

附件六：合同补充协议

项目七 注册商标申请法律实务

通过本项目的实训,使学生能够实际操作有关商标申请的相关工作,能够撰写、填写商标申请相关表格,学会处理商标申请中的相关法律事项,最终达到能独立申请商标的目的,提高非诉讼法律业务的实际操作能力,提高法律服务专业化水平。

一、实训案例

龙凤小吃店于2004年开业,开业几年来,其供应的各种小吃越来越受到广大群众的喜爱。2008年龙凤小吃店请专业公司设计了自己的商标"龙凤小吃",并投入使用,但是却一直未到商标局申请注册。2012年,龙凤小吃店所在城市又出现了另外两家同名小吃店。原龙凤小吃店老板现准备通过商标代理机构立即向商标局提出"龙凤小吃"的商标注册申请。

二、工作任务

研究上述案例所描述的情形,根据《中华人民共和国商标法》(以下简称《商标法》)及相关法律规定,并结合实训案例的具体情况,申请商标。具体要求:

1. 分析案情,确定所要申请的商标类型;
2. 查阅《商标法》等相关法律,登录国家工商行政管理总局商标局网站或到商标代理机构等咨询商标申请的具体要求和手续;
3. 编制工作计划和具体操作步骤,并撰写和填写各类文件;
4. 按计划逐步(模拟)实施商标申请的全部程序。

三、分组操作

根据班级人数和实训目标的需要,将学生分为若干个实训小组。要求每个小组成员共同协商,自行搜集、查阅相关法律、法规、行政规章等,有实训基地的,可到商标代理机构、商标局等实训基地咨询学习,借阅相关资料,充分了解商标申请的操作规程,从而能够顺利完成实训任务。实训中,教师在必要时给予提示、指导或帮助,但主要还是让学生独立完成操作任务,使他们通过亲身参与商标申请的全过程,更直接地获得技能训练。

四、操作提示

《商标法》及《中华人民共和国商标法实施条例》(以下简称《商标法实施条例》)都进行过

修改、修订,在操作中查阅时,需注意查阅最新的法律规定;在实训过程中,除查阅相关法律法规外,还可以登录国家工商行政管理总局商标局网站查阅相关申请规定,最好前往各个商标申请代理机构进行相关咨询,通过实地咨询增强实训的效果,同时获得现实可用的实务知识,积累实践经验。

五、评议考核

分组操作环节完成后,由各组汇报本组操作过程和任务完成情况,并做出自我评价;教师组织各组互相评议,取长补短;最后教师对各组的任务完成情况进行比较、点评、总结,并逐一给出考核成绩。

考核要点:

1. 关于本案的注册申请程序是否完整规范;
2. 各类文件的填写、制作是否符合法律要求;
3. 各组是否注意了商标注册过程中的一些细节、要点,例如是否有商标检索程序、商标注册过程中出现特殊情况时如何救济等;
4. 是否了解商标形式审查和商标实质审查的本质区别;
5. 是否掌握商标初审公告和商标注册公告的区别。

实训指导

商标注册是指商标申请人将其已使用的或拟申请注册的商标依照法律规定的条件和程序,向国家商标主管机关(国家工商行政管理总局商标局,以下简称商标局)提出注册申请,经国家商标主管机关依法审查核准,准予注册登记的法律事实。在我国,商标注册是商标得到法律保护的前提,是确定商标专用权的法律依据。商标申请人只有获得商标注册才标志着他获得了该商标的专用权,并受到法律的保护。通过商标注册,对于生产者和经营者来说,可以树立品牌,抢先占领市场;对消费者来说,可以通过不同商标识别产品和服务,以便选择自己信任的产品和服务;对行政管理部门来说,通过对商标的管理可以有效地监督商品和服务质量,从而控制市场运转。

商标注册一般流程为:商标检索→申请文件准备→提交申请→缴纳商标注册费用→商标形式审查→下发商标受理通知书→商标实质审查→商标初审公告→商标注册公告→颁发商标证书。

§1 商标注册申请

一、商标检索

商标检索是指商标注册申请人或其代理人在提出注册申请前,对其申请的商标是否与在先权利商标有无相同或近似情况的查询工作。从《商标法》相关规定来看,并没有把商标检索作为申请商标的必经程序,但从实践中看,商标检索是申请商标过程中的重要程序,通过商标检索可以避免盲目申请与资金浪费,也可以避免侵犯他人商标权,因此在申请商标前进行商标检索是必不可少的。申请人如需进行商标查询,可在申请前到商标注册大厅的查询窗口办理,也可登录中国商标网进行查询,还可以委托商标代理人代为查询。现阶段,网上检索是商标检索的主要方式。网上商标检索常用网站是中国商标网,这是商标局主办的唯一在线查询商标注册信息的网站,免费向公众开通商标网上查询,其网址是 http://sbj.saic.gov.cn/,系统向用户提供以下几种查询。

1. 商标近似查询:本查询按图形、文字等商标组成要素分别提供近似检索功能,用户可以自行检索在相同或类似商品上是否已有相同或近似的商标。

2. 商标综合查询:用户可以按商标号、商标、申请人名称等方式,查询某一商标的有关信息。

3. 商标状态查询:用户可以通过商标申请号或注册号查询有关商标在业务流程中的状态。在商标检索过程中,检索人需要面对一定的检索风险,即商标检索空白期,也称为盲查期,也就是有些商标从提出申请到商标局录入电脑的这段时间,在这段时间内,这些商标是处于一种未知的状态中,在检索系统中是检索不到的。所以,查询所提供的在先权利信息仅供查询人参考,商标注册大厅的受理窗口不负责解释。目前,商标的空白期正常为4~6个月,有些商标在空白期内由于查询不到,这就增大了商标的驳回率。所以我们在商标申请4~6个月之后再做一次商标检索,这样能够大大提高商标注册的成功率。

二、提交申请文件

自然人、法人或者其他组织对其生产或经营的商品或者提供的服务需要取得商标专用权的,应当依照法定程序和要求向商标局提出商标注册申请。商标注册用商品和服务国际分类共有45个类别,其中商品34个类别、服务11个类别。申请人可以委托在商标局备案的商标代理机构办理,也可以直接到商标局的商标注册大厅办理。

(一)法人或者其他组织申请商标注册的,应提交以下申请书件

1. 加盖申请人公章的商标注册申请书。

2. 商标图样6张(申请书背面贴1张,交5张),要求图样清晰,规格为长和宽不小于5厘米且不大于10厘米。若指定颜色,贴着色图样1张,交着色图样5张,附黑白图样1张。

3. 申请人的主体资格证明文件(如营业执照等)的原件和复印件(原件经比对后退还),或者提交经申请人盖章或者签字确认的主体资格证明文件复印件。

4. 经办人的身份证及复印件(原件经比对后退还)。

5. 如申请注册的商标是人物肖像,应附送经过公证的肖像权人同意将此肖像作为商标注册的声明文件。

(二)自然人申请商标注册的,应提交以下申请书件

1. 申请人签名的商标注册申请书。

2. 商标图样6张(申请书背面贴1张,交5张),图样要清晰,规格为长和宽不小于5厘米且不大于10厘米。若指定颜色,贴着色图样一张,交着色图样5张,附黑白图样1张。

3. 申请人本人的身份证原件及复印件(出示身份证原件,提交复印件)。

4. 如申请注册的商标是人物肖像,应附送经过公证的肖像权人同意将此肖像作为商标注册的声明文件。

（三）自然人申请商标注册的,应注意下列事项

1. 个体工商户可以以其《个体工商户营业执照》登记的字号作为申请人名义提出商标注册申请,也可以以执照上登记的负责人名义提出商标注册申请。以负责人名义提出申请时应提交负责人的身份证及营业执照(出示身份证原件,提交复印件)。

2. 农村承包经营户可以以其承包合同签约人的名义提出商标注册申请,申请时应提交以下签约人身份证及承包合同(出示身份证原件,提交复印件)。

3. 其他依法获准从事经营活动的自然人,可以以其在有关行政主管机关颁发的登记文件中登载的经营者名义提出商标注册申请,申请时应提交经营者的身份证及有关行政主管机关颁发的登记文件(出示身份证原件,提交复印件)。

4. 自然人提出商标注册申请的商品和服务范围,应以其在营业执照或有关登记文件核准的经营范围为限,或者以其自营的农副产品为限。

5. 对于不符合《商标法》第四条规定的商标注册申请,商标局将不予受理。

（四）填写商标注册申请书的具体要求

1. 根据《中华人民共和国商标法实施条例》第十五条规定,商标注册申请等有关文件,应当打字或者印刷。对于手写的商标申请书件,商标局不予受理。

2. 商标注册申请人的名称、地址应按照主体资格证明文件填写,如果主体资格证明文件中的地址未冠有企业所在地的省、市、县名称的,申请人必须在其地址前加上省、市、县名称。申请人的名义公章应与主体资格证明文件上登记的企业名称完全一致。

3. 商品或服务项目应按照《商品和服务分类表》或《类似商品和服务区分表》填写规范名称,一份申请书只能填写一个类别的商品或服务。商品名称或服务项目未列入分类表的,应当附送商品或服务项目的说明。

4. 如申请人是自然人,申请人名称除填写姓名外,还须在姓名之后填写身份证号码;申请人地址可以填写自然人的实际地址或通讯地址。

5. 如申请注册的商标不是集体商标和证明商标,申请人应在商标种类一栏的"一般"前的方框中打"√"。如申请注册的商标是立体商标的,申请人应在商标种类一栏的"立体"前的方框中打"√"。如申请注册的商标是颜色商标的,申请人应在商标种类一栏的"颜色"前的方框中打"√"。

6. 递交申请前请仔细检查申请书,递交后不得改动。填写错误需提交《更正商标申请/注册事项申请书》并交纳500元规费,申请人、商品或服务项目及商标图样不得更换。

商标注册申请书参考范本如下:

商标注册申请书

申请人名称:
申请人地址:
是否共同申请:□是　　□否
邮政编码:
联系人:
电话(含地区号):
传真(含地区号):

代理组织名称：

商标种类：□一般　　□集体　　□证明　　□立体　　□颜色

商标说明：

类别：

商品/服务项目：

（附页：　　页）

申请人章戳(签字)：　　　　　　　　　　代理组织章戳：

　　　　　　　　　　　　　　　　　　　　代理人签字：

注：请按背面说明填写

　　将一张商标图样贴在下框内，另附五份商标图样。有指定颜色的附上着色图样五份和黑白稿一份。商标图样应当不大于10×10cm，不小于5×5cm。

填写说明：

1. 本书式为国内申请人申请商标注册时使用的书式。申请人应当按照要求如实填写，不得空项，不得擅自修改格式。申请书应当打字或者印刷。

2. 申请人名称与"申请人章戳(签字)"处所盖章戳(签字)以及所附主体资格证明文件中的名称应当一致。申请人为自然人的，应当同时在姓名后面填写身份证件号码。

3. 申请人地址应当按照主体资格证明文件中的地址详细填写，主体资格证明文件中的地址未冠有省、市、县等行政区划的，申请人应当注明相应行政区划名称。申请人为自然人的，可以填写通讯地址。

4. 共同申请注册同一商标的，应当在"是否共同申请"一栏选择"是"，申请人名称/地址一栏填写指定的代表人名称/地址，其他共同申请人的名义填写在申请书附页上。未指定代表人的，以申请书首页申请人为代表人。

5. 委托商标代理组织申报的，应当填写代理组织名称并在右下方"代理组织章戳/代理人签字"栏由代理人签字并加盖代理组织章戳。

6. 申请人应当在"商标种类"栏选择所申报的商标的种类。

7. "商标说明"栏填写内容可以包括：商标名称、商标图样外文或少数民族文字的含义、特殊字体的文字表述、立体/颜色商标的说明、商标图样中需要放弃专用权的声明以及其他申请人认为需要说明的事项。

8. 申请人应当按照《类似商品和服务区分表》填写类别及"商品/服务项目"。一份申请书只能办理一个类别的商标注册申请，商品/服务项目填写不下的可以填写在申请书附页上，并标明所附页数。商品/服务项目前应标明序号。

9. 申请人为法人或其他组织的，应当在"申请人章戳（签字）"处盖章。申请人为自然人的，应当在此栏用钢笔或签字笔签字。共同申请的，此栏由代表人盖章（签字），其他共同申请人在申请书附页上盖章（签字）。所盖章戳或签字应当完整清晰。

10. 商标图样框中应当粘贴一张清晰的商标图样，不得出现除商标图样以外的说明性文字、注册标记、色标说明、章戳、签字等内容，商标图样不得涂改。

11. 收费标准：每份商标注册申请费1000元整（限1个类别中的10个商品/服务项目，每超过1个商品/服务项目加收100元）。每份集体商标注册申请费3000元整，每份证明商标注册申请费3000元整。

三、网上申请程序

为了使申请人可以更加方便、快捷地进行商标申请，商标局还开通了商标网上申请系统。提交商标网上申请的，应当遵守商标局制定的商标网上申请流程及其他相关规定，通过中国商标网（http://www.ctmo.gov.cn）以商标局规定的文件格式、数据标准、操作规范和传输方式提交申请文件，真实、完整、准确地填写申请信息，申请信息以商标局的数据库记录为准。

由于技术原因，商标申请人或商标代理组织不得提交下列情形的网上申请：

1. 商标局公布的《自然人办理商标注册申请注意事项》所规范的商标注册申请；
2. 有优先权诉求的商标注册申请；
3. 人物肖像的商标注册申请；
4. 集体商标、证明商标的商标注册申请；
5. 指定使用的商品或服务项目没有列入《类似商品和服务区分表》的商标注册申请；
6. 外国人或外国企业作为商标申请人或共同申请人，未委托商标代理组织提交的商标注册申请。我国香港、澳门特别行政区和台湾地区的商标申请人参照本项规定办理；
7. 其他暂不宜采用网上申请的商标注册申请。

商标申请人直接提交商标网上申请的，应当在提交商标网上申请时，使用本人或其委托的付款人的银行卡立即在线足额支付商标规费；商标代理组织代理商标网上申请的，应当足额预付商标规费。

商标申请人可以直接提交商标网上申请，也可以委托商标代理组织办理，通过商标代理组织提交商标网上申请的，视为商标申请人与商标代理组织存在委托代理关系。商标申请人直接提交商标网上申请的，商标局收到符合要求的电子申请书数据和足额缴纳商标申请费的信息视为该申请提交成功；商标代理组织代理商标网上申请的，商标局收到符合要求的电子申请书数据视为该申请提交成功。如果不符合以上规定的，视为申请人或受其委托的商标代理组织未提交商标网上申请。商标申请人或商标代理组织可以登录中国商标网对其提交的商标申请进行查询。商标申请日期以商标局收到提交成功的电子申请书数据的日期为准。

四、注册规费的缴纳

根据《商标法》第六十三条和《商标法实施条例》第五十八条均规定：申请商标注册及办理其他商标事宜的，应依法缴纳相应的费用。

（一）缴纳方式

申请人可直接到商标局商标注册大厅缴纳现金，也可以通过支票、银行汇票、银行信汇、电汇等方式办理。申请人如果是委托商标代理机构办理商标业务的，商标规费全部从商标代理机构在商标局的预付款中扣除，申请人无须直接向商标局汇款缴纳费用。

（二）收费标准

根据原国家计委、财政部计价格[1995]2404号文件和国家发改委、财政部发改价格(2008)2579号文件规定，商标业务收费标准如表7-1所示。

表7-1 商标业务收费标准　　　　　　　　　　　　　　单位：元/件

序号	业务名称	收费标准		备注
1	受理商标注册费	纸质申请	1 000	限定本类10个商品或服务项目，10个以上（不含10个）每超过一个，另加收100元
		网上申请	800	限定本类10个商品或服务项目，10个以上（不含10个）每超过一个，另加收80元
2	受理集体商标注册费	3 000		
3	受理证明商标注册费	3 000		
4	受理补发商标注册证费	1 000		含刊登遗失声明的费用
5	受理转让注册商标费	1 000		
6	受理商标续展注册费	2 000		
7	受理续展注册迟延费	500		
8	受理商标评审费	1500		
9	商标异议费	1 000		
10	变更费	500		
11	出具商标证明费	100		
12	撤销商标费	1 000		
13	商标使用许可合同备案费	300		

§2 审查与公告

一、形式审查

商标形式审查是指商标注册主管机关审查申请商标注册的文件是否齐全、撰写是否规范、手续是否合乎法律规定等形式要素的过程。如果符合法律要求,商标注册主管机关编定申请号,确定申请日,下发《商标注册申请受理通知书》。因为我国商标注册采用申请在先原则,申请日的先后将成为决定商标权归属的法律依据,所以确立申请日非常重要。商标注册的申请日以商标局收到申请书件的日期为准。形式审查的期限在1~3个月左右。

（一）形式审查的内容

1. 申请人资格审查,主要审查申请人是否具有申请注册商标的主体资格。

2. 外国申请人是否委托了我国指定的商标代理组织。国内申请人委托代理人的,其委托书是否符合要求。

3. 申请书填写是否符合法律规定。包括文件填写是否齐全、是否规范,签字/印章是否缺少;申请人地址是否准确;申请人指定的商品或服务分类是否准确、具体等。

4. 商标及商标图样的规格、数量是否符合法律要求。

5. 规费是否缴纳。

6. 审查一份申请是否只申报了一个商标。

7. 审查商标的申请日期,编定申请号。

（二）形式审查的结果

1. 申请手续不齐备或者未按规定填写申请书件的,予以退回,申请日期不予保留,发给《不予受理通知书》。

2. 申请手续基本齐备或者申请书件基本符合规定,但需要补正的,通知申请人予以补正,发给《补正通知书》。申请人在规定期限内补正并交回商标局的,保留申请日。对要求补正而未作补正或补正超过期限的,也同样予以退回,申请日不予保留。

3. 完全符合法律规定的,审查机构编定申请号,确定申请日,下发《商标注册申请受理通知书》。

二、实质审查

商标实质审查是商标注册主管机关对商标实质要素是否符合法律规定和要求而进行的资料检索、分析对比、调查研究等一系列审查活动。商标实质审查期为十二个月左右,在此期间,该商标还未获准注册,经营者不得在商标右上角标注注册标记(如"注册商标"、"R"标识等),只能标记"TM"。另外,在此期间,带有该商标的商品及包装物,或商标标识不宜制作过多,以防因商标实质审查未通过,后期注册失败而造成不必要的损失。

（一）实质审查的内容

1. 审查商标是否违反《商标法》第十条和第十一条的禁用规定。

2. 商标是否具备法定的构成要素,是否由文字、图形、字母、数字、三维标志、颜色等要素构成或组合构成,是否具有显著特征。

3. 商标是否与他人在同一种或类似商品或服务上注册的商标相近似或相混同,是否与申请在先的商标或已撤销、失效并不满一年的注册商标相近似或相混同。

（二）实质审查的结果

注册申请经过实质审查,商标局认为申请注册的商标不符合商标法及其实施条例的规定或与他人在先注册或先申请的商标相混同的,驳回申请,发给申请人《驳回通知书》,简单陈述驳回理由,并将申请书及有关书件一并退回申请人或其代理人。

商标局如果认为商标注册申请虽有不符合规定之处,但可以修正的则发给《商标审查意见书》,限定修正时间。申请人在规定时间内未作修正或修改后仍不符合商标法规定的,驳回申请,发给申请人《驳回通知书》。

经实质审查后,商标局对于符合《商标法》有关规定的,做出允许其注册的决定,并在《商标公告》中予以公告。

三、初审公告

商标的初步审定公告是指商标注册申请经形式审查和实质审查后,对符合《商标法》规定的,商标局做出允许其注册的决定,并在《商标公告》中予以公告。初步审定的商标自刊登初步审定公告之日起三个月没有人提出异议或提出异议经裁定不成立的,该商标予以注册,同时刊登注册公告,该商标即注册生效,发放注册证。

如果在初审公告期间内,有人提出异议,将启动商标异议程序。商标异议程序是我国《商标法》及其实施条例明确规定的,对初步审定的商标公开、公正征求公众意见的法律程序。其目的在于加强社会公众对商标审查工作的监督,提高商标注册审查质量,给予注册在先的商标权人及其他利害关系人一次保护自身权益的机会,防止后期可能发生的权利冲突。

商标异议的内容范围很广,可以是初步审定的商标与申请在先的商标相同或近似,也可以是初步审定的商标违反了《商标法》的禁用条款或商标不具显著性,还可以是申请人不具备申请资格等。提出商标异议的既可以是商标注册人,也可以是非商标注册人;既可以是法人,也可以是自然人,还可以是非法人组织。提出商标异议,需要填写《商标异议申请书》。《商标异议申请书》参考范本如下。

商标异议申请书

被异议商标:

类别:

初步审定号:

初步审定公告期:

初步审定公告日期:

被异议人名称:

被异议人地址:

邮政编码:

被异议人代理组织名称:

异议人名称:

异议人地址:

邮政编码:

联系人:

电话(含地区号):

传真(含地区号):

异议人代理组织名称:

异议请求和事实依据:

异议人章戳(签字)： 代理组织章戳：
代理人签字：

注：请按背面说明填写

填写说明：

1. 异议人提出商标异议申请应当有明确的异议请求和事实依据，异议理由用文字表述，以便对方当事人答辩。

2. 本书式为异议人提交商标异议申请时使用的申请书式。异议人应当按照要求如实用中文填写，不得擅自修改格式，申请书应当打字或印刷。商标异议申请书可以从商标局网站 http://sbj.saic.gov.cn 下载。

3. 被异议商标为共有商标的，被异议人名称/地址栏应当填写共有商标申请人的代表人名称/地址。

4. 异议人名称与"异议人章戳(签字)"处所盖章戳或签字以及所附主体资格证明文件中的名称应当一致。异议人为自然人的，应当同时在姓名后面填写身份证件号码。

5. 异议人地址应当按照主体资格证明文件中的地址详细填写，主体证明文件中的地址未冠有省、市、县等行政区划的，异议人应当在该地址前注明相应的行政区划名称。异议人也可以填写通讯地址。

6. 异议人为法人或其他组织的，应当在"异议人章戳(签字)"处盖章。异议人为自然人的，应当在该栏用钢笔或签字笔签字。所盖章戳或签字应当完整清晰。

7. 异议人委托商标代理组织提交异议申请的，应当填写代理组织名称并在右下方"代理组织章戳/代理人签字"一栏由代理人签字并加盖代理组织章戳。

异议须知：

1. 商标异议申请应当在商标初步审定公告之日起 3 个月异议期内提出。

2. 一份商标异议申请只能对一个初步审定的商标提出异议。商标异议申请书及相关证据材料应提交一式两份，并编排证据目录及相应页码。相关证据材料内容为外文的，应提供对应的中文翻译件。

3. 异议人提交商标异议申请书时应同时提交：被异议商标初步审定公告的复印件；异议人的主体资格证明文件(如加盖企业印章的营业执照复印件、身份证复印件等)；商标异议申请由商标代理机构代理提出的，应提交异议人签章的代理委托书，由异议人直接提出的，应提交经办人身份证复印件。

4. 在中国没有经常居所或者营业所的外国人或外国企业办理商标异议事宜，必须委托国家认可的具有代理资格的组织代理。

5. 异议当事人以邮寄方式提交异议文件或者材料的日期，以寄出件信封上的邮戳日为准，邮戳日不清晰或没有邮戳的，以商标局实际收到日为准，但是当事人能够提出实际邮戳日证据的除外。

6. 每份商标异议申请规费为人民币 1 000 元整。通过邮寄方式提交异议申请的，异议人可以通过银行信汇或电汇的方式缴纳异议规费，采取汇款的方式缴纳异议规费的，汇款人名义应与异议人名义一致。

  收款人：中华人民共和国国家工商行政管理总局商标局

  开户银行：××银行北京××支行

  账号：711141018260001××××

  汇款用途：对×××××××号商标的异议规费

7. 有关商标异议申请的其他事项请访问商标局网站 http://sbj.saic.gov.cn。

四、注册公告

  注册商标公告是在初步审定公告后，经过3个月异议期而无异议或虽经异议裁定程序但异议不能成立时，国家工商行政管理总局商标局对申请注册的商标予以注册时所发布的公告。自公告期截止后的第二日商标注册正式生效，商标注册人享有该商标的专用权。注册公告的目的就是告知公众该商标已经注册，申请人已经取得商标专用权，任何人不得侵犯此权利。自核准注册之日起计算，注册商标的有效期限是十年。注册商标的有效期限届满，需要继续使用该商标的，可以申请商标续展。

  所有初审公告和注册公告，均可以到商标注册大厅或中国商标网进行查询。

五、领取商标注册证

  商标经过注册公告后，国家工商行政管理总局商标局将通知权利人领取商标注册证。如果是委托商标代理机构办理的，商标局则将商标注册证明邮寄给该商标代理机构。由代理人向商标注册人发送《商标注册证》。直接办理商标注册的，商标注册人应在接到《领取商标注册证通知书》后三个月内到商标局领证，同时还应携带：

1. 领取商标注册证的介绍信；
2. 领证人身份证及复印件；
3. 营业执照副本原件，复印件应加盖当地工商部门的章戳；
4. 领取商标注册证通知书；
5. 商标注册人名义变更的需附送工作部门出具的变更证明。

§3 撤回、复审与续展

一、商标申请的撤回

  商标申请的撤回是指申请商标注册过程中，在商标局或者商标评审委员会做出是否同意该商标注册决定前，商标申请人可以主动撤回其商标注册申请。

（一）办理步骤

  准备申请书件→在商标注册大厅受理窗口提交申请书件→在打码窗口打收文条形码→查收准予撤回通知书。

（二）申请撤回商标注册申请应提交如下书件

1. 撤回商标注册申请书并加盖单位公章，申请人为自然人的，由本人签名，并由经办人签字；

2. 原受理通知书(不能提交的应注明理由)。

3. 申请人经盖章或者签字确认的主体资格证明文件(营业执照副本、身份证等)复印件。申请人为自然人的,提交身份证复印件。委托商标代理机构办理的,提交申请人的主体资格证明文件(营业执照副本、身份证等)的复印件。

4. 经办人的身份证及复印件(原件经比对后退还),在申请书上当面签字;委托商标代理机构办理的,提交商标代理委托书。

提出撤回商标注册申请的申请,不需要缴纳规费,但申请注册时已经缴纳的规费不予退回。如果申请人申请注册的商标已经注册的,申请人就不能申请撤回该商标的注册申请了,而应当办理注销注册商标手续。《撤回商标注册申请申请书》参考范本如下。

撤回商标注册申请申请书

申请人名称:

申请人地址:

邮政编码:

联系人:

电话(含地区号):

传真(含地区号):

代理组织名称:

商标名称:

类别:

原申请号:

原申请日期:

申请人章戳(签字): 　　　　　　　　　　　　　　代理组织章戳:
　　　　　　　　　　　　　　　　　　　　　　　　代理人签字

注:请按背面说明填写

填写说明:

1. 本书式为申请人提交撤回商标注册申请时使用的书式。申请人应当按照要求如实填写,不得擅自修改格式。申请书应当打字或印刷。

2. 撤回商标注册申请人应当为原商标注册申请人。申请人名义发生变更的,在申请撤回商标注册申请时应当以变更后的名义申请撤回(同时必须提交相关的变更证明)。

3. 申请人名称与"申请人章戳(签字)"处所盖章戳(签字)及所附主体资格证明文件中的名称应当一致。申请人为自然人的,应当同时在姓名后面填写身份证件号码。

4. 申请人地址应当按照主体资格证明文件中的地址详细填写,主体资格证明文件中的地址未冠有省、市、县等行政区划的,申请人应当注明相应行政区划名称。申请人为自然人的,可以填写通讯地址。

5. 委托商标代理组织申报的,应当填写代理组织名称并在右下方"代理组织章戳/代理人签字"栏由代理人签字并加盖代理组织章戳。

6. 撤回共同申请商标注册时,需由代表人提出申请,并视为已经得到其他共有人授权。

7. 申请人为法人或其他组织的,应当在"申请人章戳(签字)"处盖章。申请人为自然人的,应当在此栏用钢笔或签字笔签字。所盖章戳或签字应当完整清晰。

8. 申请撤回商标注册申请,应当交回《商标注册申请受理通知书》原件,未交回的应当在申请书上注明理由。

二、商标申请的驳回与复审

商标驳回就是指商标注册申请在评审过程中,因为某些原因被商标评审委员会反对而予以驳回的情形。商标被驳回的原因很多,例如商标违反《商标法》绝对禁止注册的相关规定,即违反《商标法》第十条规定的;商标不具有"显著性",违反《商标法》第十一条规定的;或者是商标与在先商标申请或在先注册商标相同或近似,侵害他人在先权利的,等等。

商标注册申请经商标局审查驳回后,如果申请人对商标局的驳回理由不服,可以在收到驳回通知书十五天之内向商标评审委员会申请对原案的复查审议。办理驳回复审申请应提交以下材料:

1. 驳回商标注册申请复审申请书(首页),委托代理的需提交代理委托书;
2. 驳回商标注册申请复审申请书(正文样式);
3. 商标局驳回通知书及其附件(原件);
4. 企业法人营业执照副本复印件(盖公章);
5. 商标构思及使用情况(主要突出知名度);
6. 企业简介;
7. 企业所获得的各项荣誉;
8. 企业最近三年销售、广告费用及相关财务情况;
9. 企业媒体报道或图片广告原件及复印件;
10. 企业销售产品外观原件及复印件;
11. 其他可以证明企业产品和知名度证据和材料;
12. 最早使用此商标的证明材料。

商标评审委员会自收到申请材料之日起三十天内,经审查认为符合法定受理条件的,予以受理并书面通知申请人;认为不符合法定条件的,书面通知申请人不予受理,并说明理由。商标评审委员会认为申请基本符合法定条件,但需要补正的,可以限期补正;限期内未作补正的,不予受理,书面通知申请人,并退回全部申请书件。

商标评审委员会受理申请后,将根据《商标法》、《商标法实施条例》和《中华人民共和国商标法商标评审规则》的有关规定进行评审和裁定。商标评审委员会认为商标局的驳回理由不成立的,做出撤销商标局的驳回裁定,核准该复审商标初步审定并公告;认为商标局的驳回理由成立的,驳回复审申请。申请人如果对商标评审委员会的裁定不服,可自收到裁定通知之日起三十日内向法院起诉。

《驳回商标注册申请复审申请书》格式如下:

驳回商标注册申请复审申请书
（首页）

商标：
类别：
申请号/国际注册号：
商标局发文号：
申请人名称：
通信地址：
邮政编码：
联系人：
联系电话（含区号）：

商标代理组织名称：
联系人：
联系电话（含区号）：
同时/曾在哪些类别对
相同商标提出评审申请：
是否需要提交补充证据材料：是 □；否 □

申请人章戳（签字）　　　　　　　　　　　商标代理组织章戳
　　　　　　　　　　　　　　　　　　　　代理人签字：
　　年　月　日　　　　　　　　　　　　　　　　年　月　日

注：填写此申请书（首页）时请认真阅读背面的填写须知，并应按照须知要求提供相应文件材料。

填 写 须 知

1. 此申请书（首页）适用于依据《商标法》第三十二条第一款规定提出的驳回商标注册申请复审申请。

2. 具体评审请求、理由、事实依据及相关证据应按《商标评审规则》和所附《驳回商标注册申请复审申请书》（正文样式）要求另附材料，连同本申请书（首页）一并提交。对部分商品或服务申请复审的，须在所附材料中具体列明。

3. 申请商标为国际注册的，应在注册号前加"G"。

4. 申请人为外国人或外国企业的，须填写准确的名称和有效的联系地址。申请人为自然人的，应在其名称后填写其身份证件号码。

5. 共有商标的当事人提出驳回商标注册申请复审申请的，应当指定一人为代表人；没有指定代表人的,以其在商标注册申请书中载明的顺序第一人为代表人,在此申请书(首页)申请人及其联系人栏目中只填写代表人的名称、地址及其联系人和联系电话,其他当事人应在所附材料中写明。代表人发生变更时须有被代表的当事人书面授权。

6. 在中国有经常居所或者营业所的外国人或者外国企业授权其在中国的代表人办理驳回商标注册申请复审事宜的,其代表人视为申请人的联系人,并在申请人的联系人、通信地址、联系电话栏目中填写相应的内容。

7. 申请人是否需要提交补充证据材料,请在相应的方框内划"√"。

8. 未委托商标代理组织的,不需填写商标代理栏目。

9. 收费标准:商标评审费 1 500 元。邮寄办理的请通过银行汇款(不收邮局汇款),并将汇款单复印件附在此申请书后提交商标评审委员会。

驳回商标注册申请复审申请书
(正文样式)

申请人名称:

地址:

法定代表人或负责人姓名:

职务:

商标代理组织名称:

地址:

评审请求:

事实与理由:

附件:

申请人章戳(签字)　　　　　　　　　商标代理组织章戳

　　　　　　　　　　　　　　　　　　代理人签字:

　　年　月　日　　　　　　　　　　　年　月　日

说明：

1. 此书式是供当事人依据《商标法》第三十二条规定向商标评审委员会提出驳回商标注册申请复审申请时使用的申请书样式。申请人只需按此申请文书样式要求书写申请书，不受此文书样式篇幅限制。

2. 申请人按此文书样式提交的驳回商标注册申请复审申请书，应打印、印刷或者用钢笔、毛笔书写。

3. 申请人所提出的"评审请求"，应写明所依据的《商标法》及其《实施条例》的具体条款和具体请求。申请人对部分商品或服务提出复审申请的，须在"评审请求"中写明。

4. 申请人在阐述"事实与理由"时，应写明有关事实所依据的证据，并应另外提供证据目录清单，写明证据的名称、来源和要证明的具体事实。

5. 申请人为法人或其他组织的，需写明法定代表人或负责人姓名、职务。

三、商标的续展

根据《商标法》第三十七条和第三十八条的规定，注册商标的有效期为十年，自核准注册之日起计算。注册商标有效期满，需要继续使用的，应当在期满前六个月内申请续展注册；在此期间未能提出申请的，可以给予六个月的宽展期。宽展期满仍未提出申请的，注销其注册商标。每次续展注册的有效期为十年。续展注册经核准后，予以公告。

商标局对商标续展注册申请审查后，核发商标续展证明，不再另发商标注册证，原商标注册证与商标续展证明一起使用。办理续展申请步骤如下。

（一）准备申请书件

1. 《商标续展注册申请书》。
2. 申请人经盖章或者签字确认的主体资格证明文件复印件。
3. 委托代理的提交《代理委托书》，直接在商标注册大厅办理的提交经办人的身份证及复印件（原件经比对后退还）。
4. 商标注册证。
5. 申请文件为外文的，还应提供经翻译机构或代理机构签章确认的中文译本。

（二）提交申请书件

1. 直接办理的，在商标注册大厅的受理窗口提交申请。
2. 委托商标代理机构办理的，由该商标代理机构将申请书件送达商标局。

（三）缴纳续展规费

每件续展注册申请需缴纳规费2 000元。如果是在宽展期内提交续展注册申请的，还需缴纳500元的延迟费。

商标局对符合续展注册要求的，予以核准，将原商标注册证加注发还，并予公告。对基本符合要求但申请书证不齐备的，可要求申请人在规定限期内补齐后核准续展注册。

续展后的商标有效期自该商标上一届有效期满次日起计算。

商标的续展申请不同于商标注册，只要没有超过宽限期的，商标局一般都会核准。但申请人不得自行改变原注册商标的图形、文字，也不得自行扩大原注册商标核定的商品使用范围，否则就会被驳回。续展申请一旦被驳回，原商标权所有人对原注册商标的专用权不再受法律保护。

商标续展注册申请书格式如下:

商标续展注册申请书

申请人名称:

申请人地址:

邮政编码:

联系人:

电话(含地区号):

传真(含地区号):

代理组织名称:

商标注册号:

类别:

申请人章戳(签字):	代理组织章戳:
	代理人签字:
年 月 日	年 月 日

注:请按背面说明填写

填写说明:

1. 本书式为申请人提交商标续展注册申请时使用的书式。申请人应当按照要求如实填写,不得擅自修改格式。申请书应当打字或印刷。

2. 申请人名称与"申请人章戳(签字)"处所盖章戳(签字)及所附主体资格证明文件中的名称应当一致。申请人为自然人的,应当同时在姓名后面填写身份证件号码。

3. 申请人地址应当按照主体资格证明文件中的地址详细填写,主体资格证明文件中的地址未冠有省、市、县等行政区划的,申请人应当在该地址前注明相应行政区划。申请人为自然人的,可以填写通讯地址。

4. 委托商标代理组织申报的,应当填写代理组织名称并在右下方"代理组织章戳/代理人签字"栏由代理人签字并加盖代理组织章戳。

5. 商标注册号、类别应按照《商标注册证》填写。

6. 共有商标申请续展时,需由代表人提出申请,并视为已经得到其他共有人授权。

7. 一份申请书只能填写一个商标(申请号/注册号)的续展申请事项。

8. 申请人为法人或其他组织的,应当在"申请人章戳(签字)"处盖章。申请人为自然人的,应当在此栏用钢笔或签字笔签字。所盖章戳或签字应当完整清晰。

9. 收费标准:每份商标续展申请费2 000元整。超过有效期限,尚在宽展期内提出商标续展注册申请的,每份另收取续展。

§4 国外商标注册途径

由于商标权具有地域性特点,要使自己的商标在国外获得保护,目前有以下三种途径。

一、逐一国家注册

逐一国家注册是指商标申请人通过代理人或其他方式,到国外一个国家或一个地区办理商标注册手续。逐一国家注册需要按照各国的具体的法律程序办理,并按照不同国家的收费标准缴纳费用,注册周期根据各国法律和惯例也不尽相同。逐一国家注册程序快捷便利,直接向各国提出申请是最普遍的申请方法,申请人不需要在原属国提出基础申请,可以直接向所需要注册的国家提出注册申请。目前世界上主要按逐一国家注册方法进行商标注册的国家有日本、泰国、缅甸、印度、柬埔寨、阿富汗、马来西亚、印度尼西亚、菲律宾、新加坡、美国、加拿大、澳大利亚、新西兰、阿根廷、巴西、科威特、黎巴嫩、老挝、约旦、墨西哥、哥伦比亚、智利、伊朗、阿联酋、南非等。

二、地区性国际组织注册

(一)欧盟商标注册申请

商标注册申请人可以向欧洲内部市场协调局(OHIM)申请注册,经核准注册后,商标可在欧盟各成员国受到广泛保护,不需再向欧盟的每个国家分别提出商标申请。

(二)非洲知识产权成员国注册

非洲知识产权组织在喀麦隆共和国的雅温得设有知识产权局,统管各成员国的商标事务,商标经核准后在所有成员国受法律保护。

三、马德里商标国际注册申请

中国的商标注册申请人按照《商标国际注册马德里协定书》(以下简称《马德里协定书》)和《商标国际注册马德里协定有关议定书》(以下简称《马德里议定书》)的相关规定,并根据自己的需要在《马德里协定》和《马德里议定》的成员国中的一国、多国或全部成员国内申请商标注册保护。商标注册申请人应首先向中国商标局提交马德里商标国际注册申请,中国商标局对此申请进行形式审查后,将其提交到世界知识产权组织国际局。商标注册申请在世界知识产权组织国际局也进行了其要求的形式审查后,再被转交到各个指定的国家,由各国根据其具体的商标法规定进行审查和注册。申请人可以就一个商标,递交一个申请,按国家数缴纳费用,在《马德里协定书》和《马德里议定书》成员国范围内指定商标保护的国家,所以马德里商标国际注册申请手续简单快捷、费用便宜并被广泛应用。

项目八　专利申请法律实务

通过本项目的实训，使学生能够实际操作有关专利申请的相关工作，能够撰写、填写专利申请相关表格，学会处理专利申请中的相关法律事项，最终达到能独立申请专利的目的，提高非诉讼法律业务的实际操作能力，提高法律服务专业化水平。

一、实训案例

某公司研制出了一种新型除草机，该除草机主要从两方面对传统的除草机进行了改良：第一是燃料方面的创新，即将传统的以汽油为燃料改为新型的太阳能混合动力（有阳光时，以太阳光为动力来源，没有阳光时，以电池为动力来源）；第二是除传统除草机的切割器、割刀传动装置、切割器提升装置、安全装置和挡草装置外，还在切割器上安装了微型电脑仪，操作人可事先将需除掉的杂草或需保留植物的照片存储在该电脑仪上，电脑仪可对存储的照片进行分析、辨别，从而有效地除掉杂草或保留需保留的植物。现该公司拟就该项发明申请专利，但因欠缺专利申请知识，打算聘请专利事务所的律师代理专利申请全部事务。

二、工作任务

研究上述案例所描述的情形，根据《中华人民共和国专利法》（以下简称《专利法》）及相关法律规定，并结合实训案例的具体情况，为该发明申请专利。具体要求：

1. 分析案情，确定所要申请的专利类型；
2. 查阅专利法等相关法律，登录中国国家知识产权局网站或到本地知识产权局、知识产权代理公司、专利事务所等咨询专利申请的具体要求和手续；
3. 编制工作计划和具体操作步骤，并撰写和填写各类文件；
4. 按计划逐步（模拟）实施专利申请的全部程序；
5. 在实训案例中未做要求或未能体现的情况，可以根据自己的构想自主编写。

三、分组操作

根据班级人数和实训目标的需要，将学生分为若干个实训小组。要求每个小组成员共同协商，自行搜集、查阅相关法律、法规、行政规章等，有实训基地的，可到知识产权咨询服务公司、知识产权代理公司、专利事务所等实训基地咨询学习，借阅相关档案和卷宗，充分了解专利申请的操作规程,从而能够顺利完成实训任务。在实训中,教师在必要时给予提示、指导或帮助,但主要还是让学生独立操作,使他们通过亲身参与专利申请的方式更直接、更感性地获得技能训练。

四、操作提示

《专利法》及《中华人民共和国专利法实施细则》(以下简称《专利法实施细则》)都进行过修改、修订。在操作中查阅时,需注意查阅最新的法律规定,专利包括发明专利、实用新型专利和外观设计专利。根据《专利法》及《专利法实施细则》的规定,三者在申请要求及申请流程等方面有所不同,在实务操作中要根据案情来进行。在实训过程中,除查阅相关法律法规外,还可以登录国家知识产权局网站或当地知识产权局网站查阅相关申请规定,最好前往当地知识产权局或者专利申请代理机构进行咨询,通过实地咨询增强实训过程的效果,同时获得现实可用的实务知识,积累实践经验。

五、评议考核

分组操作环节完成后,由各组汇报本组操作过程和任务完成情况,并做出自我评价。教师组织各组互相评议,取长补短。最后教师对各组的任务完成情况进行比较、点评、总结,并逐一给出考核成绩。

考核要点:
1. 所申请专利的类型是否正确;
2. 申请专利所需的各类文件是否齐全;
3. 各类文件的形式是否符合法律要求和本案实际操作需要;
4. 各类文件的实质内容是否符合法律要求和本案实际操作需要。

实训指导

专利申请对个人或企业而言都具有重大意义,它可以通过法定程序来确定发明创造的权利归属,从而有效保护发明创造成果,防止个人或企业的发明创造成果被竞争对手随意使用,丧失其应有价值。同时,专利申请一旦成功,就可以使企业在市场竞争中保持主动,一种产品只要被授予专利权,就等于在市场上具有独占权,在未经专利权人许可的情况下,任何单位或个人都不能生产、销售、许诺销售、使用、进口该专利产品,因此,专利在保护和占领市场方面意义重大,尤其是纯技术类的发明创造,被授予专利权后就可变成工业产权,成为无形资产,具有了价值。

§1 专利申请前的准备工作

一、确定是否属于可被授予专利权的范围

在申请专利前,首先要确定所打算申请客体是否属于可授予专利权的范围,根据《专利法》规定,科学发现、智力活动的规则和方法、疾病的诊断和治疗方法、动物和植物的品种、用

原子核变换方法获得的物质、对平面印刷品的图案色彩或者二者的结合所做出的主要起标识作用的设计等不会被授予专利权。

二、确定专利申请的类型

专利申请分发明专利申请、实用新型专利申请和外观设计专利申请三种类型。针对产品、方法或者改进所提出的新的技术方案,可以申请发明专利。针对产品的形状、构造或者其结合所提出的适于实用的、新的技术方案,可以申请实用新型专利。针对产品的形状、图案或者其结合以及色彩与形状、图案的结合所做出的富有美感并适于工业应用的新设计,可以申请外观设计专利。

三、专利检索

从《专利法》相关规定来看,并没有把专利检索作为申请专利的必经程序,但从实践中看,通过专利检索可以避免重复开发与资金浪费,也可以避免侵犯他人专利权,因此在申请专利前进行专利检索是必不可少的,特别是申请发明专利前一定要进行专利检索,检查是否已存在同样的发明创造。专利检索的途径有三种,即纸质检索、软件检索(主要是通过专利数据光盘检索)和网上检索。因纸质检索效率低,费时费力,而光盘虽然检索速度快,但是更新速度偏慢,因此网上检索成为专利检索的主要方式。网上专利检索常用网站主要有以下几个。

(一)中国国家知识产权局网站专利检索系统(http://www.sipo.gov.cn/zljs/)

该系统公布了中国从1985年9月10日以来的全部专利信息,包括了发明、实用新型和外观设计专利,通过该系统还可以浏览到各种说明书全文及外观设计图形。该系统主要通过两种方式进行检索。

1. 字段检索:该系统提供了16个检索入口(字段),包括名称、摘要、分类号等,检索时可根据已知条件,从16个检索入口做选择进行检索。每个检索入口(字段)都可以进行模糊检索,检索时可用%(必须使用半角格式)代表一个任意字母、数字或字,并可使用多个模糊字符。

2. IPC分类检索:IPC(国际专利分类号International Patent Classification的缩写,是目前国际通用的唯一专利文献分类和检索工具,该表可从国家知识产权局网站的"文献服务"栏目免费下载)分类导航检索,即利用IPC分类表中各部、大类、小类,逐级查询到感兴趣的类目,点击此类目名称,可得到该类目下的专利检索结果(外观设计除外)。IPC分类导航检索同时提供关键词检索,即在选中某类目下,在发明名称和摘要等范围内再进行关键词检索,从而提高检索的准确性。

除可对中国的专利进行检索外,该系统还提供了直接链接到国外主要国家和地区的专利数据库、国外知识产权组织或管理机构的官方网站等,从而便于检索世界范围内的专利。

(二)国家知识产权局专利信息服务平台试验系统(http://pub.cnipr.com/pubpis-fts/index.do)

该系统收录了中国、美国、欧洲、日本和世界知识产权组织等数十个国家和专利组织的专利文献近4 000万件,提供中国、美国、欧洲及世界知识产权组织的专利全文检索。该系统提供了5种检索方式,即快捷检索、表格检索、高级检索、法律状态检索和IPC分类表查询并支持逻辑组配检索,此外,还具有二次检索和数据统计的功能。

除上述两种专利检索系统外,常用的专利检索系统还包括:中国专利信息中心专利检索系统(http://search.cnpat.com.cn/cprs2010/default.aspx? ds=cn&qy=)、欧洲专利局网站专利检索系统(http://ep.espacenet.com/)、日本特许厅专利检索(http://www.ipdl.inpit.go.jp/homepg_e.ipdl)、世界知识产权组织网上专利检索(http://patentscope.wipo.int/search/en/search.jsf)、美国专利商标局网上专利检索(http://patft.uspto.gov/)等。

§2 申请文件的撰写和填写

一、申请文件的类型

依据法律规定和实务操作的要求,因申请专利类型不同,所准备的申请文件也有所差别。

申请发明专利的,准备的申请文件应当包括:发明专利请求书;权利要求书;说明书;说明书摘要,如果说明书或摘要有附图的应当同时提交说明书附图及摘要附图。

申请实用新型专利的,准备的申请文件应当包括:实用新型专利请求书;权利要求书;说明书;说明书摘要,如果说明书或摘要有附图的应当同时提交说明书附图及摘要附图。

申请外观设计专利的,准备的申请文件应当包括:外观设计专利请求书;图片或者照片(要求保护色彩的,应当提交彩色图片或者照片)以及对该外观设计的简要说明。

需注意:以上申请文件各一式两份,并注明其中的原本。申请人未注明原本的,专利局指定一份作为原本,两份文件的内容不同时,以原本为准。向专利局提交的其他文件(如专利代理委托书、实质审查请求书等)为一份。

二、填写或撰写各类申请文件

(一)填写或撰写发明或实用新型申请文件需注意事项

1. 填写请求书需注意事项

请求书是申请人向专利行政部门提交的请求授予发明或实用新型专利权的书面文件,填写时需注意以下几项内容。

(1) 发明或实用新型的名称

请求书中所填写的发明或实用新型的名称应当与发明或实用新型的内容完全相符,并能够准确简洁地概括该发明或实用新型的实质性特点。在表述时,应采用通用或专业的技术用语来反映其主题的类别概念,如"假发"、"面具"。如果没有专业词汇,也可以采用叙述的方法,如"可以折叠成凳子的桌子"。填写时不应当含有非技术性词语,比如人名、公司名称、代号、型号等,也不允许使用"及其他类似物"、"及其他"等模糊词语,也不得仅仅使用类似"方法"、"装置"等没有给出任何发明信息的笼统性词语。发明或实用新型的名称应当简单、准确,一般不超过25个字。特殊情况下,例如化学领域的发明,最多可到40个字。

(2) 发明人的姓名

申请文件中的发明人只能是自然人,不能填写类似"××课题组"等单位或集体名称。发明人应当使用本人的真实姓名,不得使用笔名或者假名;有两个或者两个以上发明人时,应当自左向右按顺序填写,各发明人姓名之间应当用分号隔开。发明人也可以请求专利局不公布其姓名。提出专利申请时请求不公布发明人姓名的,应当在请求书"发明人"一栏所填写的相应发明人后面注明"(不公布姓名)"。不公布姓名的请求提出之后,专利局审查认为符合规定的,在专利公报、专利申请单行本、专利单行本以及专利证书中均不公布其姓名,并在相应位置注明"请求不公布姓名"字样,发明人也不得再请求重新公布其姓名。如在提出专利申请后请求不公布发明人姓名的,应当提交由发明人签字或者盖章的书面声明,但如在专利申请进入公布准备后才提出该请求的,视为未提出请求。外国发明人中文译名中可以使用外文缩写字母,姓和名之间用圆点分开,圆点置于中间位置,例如 M·杰克。填写"第一发明人"栏时,如第一发明人为中国内地居民的,应当同时填写居民身份证件号码。

(3) 申请人的姓名或名称

申请人可以是发明人,也可以是发明的权利继受人或其所属的单位。申请人是个人的应当填写本人真实姓名,不得使用笔名或者其他非正式的姓名。申请人是单位的,应当填写单位正式全称,并与所使用的公章上的单位名称一致。申请人是中国单位或者个人的,应当填写其名称或者姓名、地址、邮政编码、组织机构代码或者居民身份证件号码。申请人是外国人、外国企业或者外国其他组织的,应当填写其姓名或者名称、国籍或者注册的国家或者地区、经常居所地或者营业所所在地。

(4) 联系人

如申请人是单位且未委托专利代理机构的,还应当填写联系人,并同时填写联系人的通信地址、邮政编码、电子邮箱和电话号码,需注意的是,联系人只能填写一人,且应当是本单位的工作人员。申请人为个人且需由他人代收国家知识产权局所发信函的,也可以填写联系人。

(5) 代表人

申请人有两人以上且未委托专利代理机构的,除法律另有规定或请求书中另有声明外,以第一署名申请人为代表人。申请人指定非第一署名申请人为代表人时,应当在第⑫栏指明被确定的代表人,该代表人应当是申请人之一。除直接涉及共有权利的手续外,代表人可以代表全体申请人办理在专利局的其他手续,因此是否填写该项需慎重。

(6) 代理人、代理机构

中国单位或者个人在国内申请专利和办理其他专利事务的,可以委托依法设立的专利代理机构办理。在中国没有经常居所或者营业所的外国人、外国企业或者外国其他组织在中国申请专利和办理其他专利事务的,必须委托依法设立的专利代理机构办理。申请人委托专利代理机构的,应当填写第⑬栏,专利代理机构的名称应当使用其在国家知识产权局登记的全称,该全称要与加盖在申请文件中的专利代理机构公章上的名称一致,不得使用简称或者缩写,并填写知识产权局给予该专利代理机构的机构代码。一件专利申请的专利代理人不得超过两人,专利代理人应当使用其真实姓名,同时填写专利代理人执业证号码和联系电话。需注意,如申请人委托专利代理机构向专利局申请专利和办理其他专利事务的,除按要求提交申请文件外,应当填写专利部门的制式委托书,写明委托权限、发明创造名称、专利代理机构名称、专利代理人姓名,并应当与请求书中填写的内容相一致,并提交专利部门。

(7) 地址

专利请求书中所有地址应当详细,使邮件能够迅速、准确地投递。本国的地址应当包括省(自治区)、市(自治州)、区、街道门牌号码,或者省(自治区)、县(自治县)、镇(乡)、街道门牌号码,或者直辖市、区、街道门牌号码。有邮政信箱的,可以按规定使用邮政信箱。外国的地址应当注明国别、市(县、州),并附具外文详细地址。在地址中可以包含单位名称,但单位名称不得代替地址,例如不得仅填写××省××大学。

2. 撰写说明书注意事项

说明书是详细说明发明或者实用新型具体内容的文件,有向社会公开发明或实用新型技术内容的作用。根据《专利法》的相关规定,权利要求书应当以说明书为依据,说明要求专利保护的范围(说明书及附图可以用于解释权利的要求)。因此,说明书是专利申请中的重要文件。

(1) 说明书语言的要求

说明书应当用词规范,语句清楚,不得含糊其辞或模棱两可。在撰写时,应当使用所属领域的技术术语,对于自然科学用词,国家有统一规定的,使用统一的专业术语;没有规定的,可使用其所属技术领域约定俗成的术语,也可使用最新出现的科技术语或者直接使用外来语,但这些用语应当使本领域的技术人员能够正确理解相应的技术内容,而不会造成理解错误。在必要时也可使用自定义词,如使用自定义词,应当给出明确、准确的定义或说明,不可使人产生理解上的歧义。此外还需注意的是,说明书中使用的专业术语和符号应当前后一致。说明书中涉及计量单位的,应当使用国家法定计量单位,包括国际单位制计量单位和国家选定的其他计量单位,必要时可以在括号内同时注明本领域公知的其他计量单位。说明书应当在每页下框线居中位置用阿拉伯数字编写页码。

(2) 说明书的撰写方式和顺序

根据《专利法》相关规定和实务操作,发明或实用新型说明书应当包括下列内容:发明或实用新型名称;技术领域;背景技术;发明或实用新型内容;附图说明;具体实施方式。

第一,发明或实用新型名称。

发明或者实用新型的名称应当写在说明书首页的第一行,也就是首页正文部分上方,并左右居中,名称与说明书正文之间应当空一行。该名称一般不超过25个字,能够清楚、简要地标明所要求保护的主题和类型,发明名称前面不得冠以"发明名称"或者"名称"等字样,不能使用商标、型号、人名、地名或商品名称等,也不可使用商业性宣传用语,并应当与请求书中的名称一致,使用所属技术领域通用的技术术语,最好使用国际专利分类表中的技术术语,不得使用非技术术语。

第二,技术领域。

发明或实用新型的技术领域应当是要求保护的发明或实用新型技术方案所属的或直接应用的技术领域,而非发明或实用新型本身。技术领域通常可以根据国际专利分类表来确定,并尽可能确定在其最低层级的分类位置上,并体现发明或者实用新型要求保护的技术方案的主题名称和发明类型。例如一项关于"起重机悬臂"的发明,其技术特征是将已有技术中的"长方形悬臂面"改为"葫芦形悬臂面"。该发明的所属技术领域可以写成"本发明涉及一种起重机,特别是涉及一种起重机悬臂(具体的技术领域),而不宜写成"本发明涉及一种建筑机械"(上位的技术领域)也不宜写成"本发明涉及起重机悬臂的截面"(发明本身)。

第三,背景技术。

背景技术是指申请人所知道的,对发明或者实用新型的理解、检索、审查有用的技术。

本部分可以引证反映这些背景技术的文件（尽可能引证与发明或实用新型申请最接近的现有技术文件）。引证文件应当是公开出版的纸质或电子出版物；引证专利文件的，要写明专利文件的国别、公开号并最好包括公开日期；引证非专利文件的，要写明这些文件的标题和详细出处。如引证的是外国专利或者非专利文件的，应当引用该引证文件发表或者公布时的原文所使用的文字，写明引证文件的详细出处和其他相关信息，在必要时可以给出中文译文，并将译文放在括号内。此外，还要客观地指出背景技术中存在的问题和缺点，如果可能，还可以写明这种问题存在的原因和解决这些问题所遇到的困难。

第四，发明或实用新型内容。

发明或实用新型内容应包括发明或实用新型所要解决的技术问题以及解决其技术问题所采用的技术方案及其有益效果。第一部分是要解决的技术问题，它是指发明或实用新型中针对现有技术存在的缺陷或不足，用简明、准确的语言写明发明或实用新型所要解决的技术问题，也可以进一步说明其技术效果，但是不能使用广告式宣传用语。第二部分是技术方案，技术方案是说明书的核心部分，是指申请人对其所要解决的技术问题所采取的技术措施的总和，技术方案应当完整、清楚地描述如何解决技术问题，必要时应说明技术方案所依据的科学原理，从而使技术人员能够理解并能解决技术问题。撰写技术方案时，机械产品应描述必要零部件及其整体结构关系，对于涉及电路的产品，应当描述电路的连接关系，对于机电结合的产品还应写明电路与机械部分的结合关系，涉及分布参数的申请时，应写明元器件的相互位置关系，涉及集成电路时，应清楚公开集成电路的型号、功能等。本部分的用语应当与权利要求书中的独立权利要求的用语相同或者相应，如果有几项独立权利要求，应当在描述时反映出几项独立权利要求的技术方案的内容，并在描述时体现他们之间属于一个总的发明构思。第三部分是有益效果。有益成果是发明或实用新型和现有技术相比所具有的优点及积极效果，对有益成果的描述不能仅停留在理论描述上，最好采用与现有技术进行比较的方式而得出，对于化学领域可以通过列举实验数据来说明，对于机械或者电气等技术领域可以采用将该发明或者实用新型的特点分析和理论说明相结合的方式来说明。对于味道、气味等目前尚无可取的测量方法而主要依据人的感官判断的，可以采用统计方法表示实验结果来说明有益效果。但需要注意的是，在引用实验数据说明有益效果时，应当给出必要的实验条件和方法。

第五，附图说明。

附图说明时，应写明各附图的图名和图号，对各幅附图作简略说明，必要时可将附图中标号所示零部件名称列出。有两副或者两副以上附图时，应当对所有附图做出图示说明。说明书如无附图的，说明书的文字部分不包括附图说明及其相应的标题（说明书文字部分可以有化学式、数学式或者表格，但不得有插图）。

第六，具体实施方式。

具体实施方式应当详细描述申请人认为实现发明或实用新型的最好的具体方式。具体实施方式应与"发明或实用新型内容部分"的技术方案相一致，并且应当对权利要求书中的技术特征进行详细说明和解释，以支持权利要求。在撰写具体实施方式时，在必要的情况下可以采用举例的方式进行说明，比如说明其动作过程或者操作步骤。如果有多个实施示例的，每个实施示例都必须与本发明或实用新型所要解决的技术问题及其有益效果相一致。有附图的应当对照附图进行说明。

3. 撰写说明书摘要需注意事项

摘要是用来概括说明书所公开的内容,是说明书所记载内容的概述。摘要文字部分(含标点符号在内)应当写明发明或实用新型的名称、所属技术领域并清楚地反映出所要解决的技术问题、解决该问题的技术方案的要点及主要用途,但不得超过300字,说明书摘要同样不得使用商业性宣传术语。对于有附图的专利申请,应当提供(或由审查员指定)一幅最能反映该发明或实用新型技术方案的主要技术特征的附图并把它作为摘要附图,该附图应当是说明书附图中的一幅。附图的大小及清晰度应当保证在该图缩小到4厘米×6厘米时,仍能清楚地分辨出图中的细节。摘要文字部分出现的附图标记应当加括号。

4. 说明书附图需注意事项

说明书附图是用图形的形式对说明书文字部分的补充说明,以便能够更直观、形象化地理解发明或实用新型的整体技术方案和每个技术特征。对发明专利申请,如果用文字能够清楚完整地描述技术方案的,可以没有附图,但是实用新型专利申请的说明书必须附图。附图应使用制图工具按照制图规范绘制,并尽量竖向绘制在图纸上,彼此明显分开,图形线条为黑色,图上不得着色。附图中的标记应当与说明书中所表述的标记一致。有多幅附图时,各幅图中的同一零部件应使用相同的附图标记。附图中不应当含有中文注释,但对于流程图、框图一类的附图,应当在框内给出必要的文字和符号。几幅附图可以绘制在一张图纸上。一幅总体图可以绘制在几张图纸上,但应当保证每一张上的图都是独立的,而且当全部图纸组合起来构成一幅完整总体图时又互不相影响其清晰程度。附图的周围不得有与图无关的框线。附图总数在两幅以上的,应当使用阿拉伯数字顺序编号,并在编号前冠以"图"字,例如图1、图2,该编号应当标注在相应附图的正下方。说明书文字部分中未提及的附图标记不得在附图中出现,同样,附图中没有出现的附图标记不得在说明书文字部分中提及。申请文件中表示同一组成部分的附图标记应当一致。附图的大小及清晰度,应当保证在该图缩小到三分之二时仍能清晰地分辨出图中的各个细节,以能够满足复印、扫描的需要。同一附图中应当采用相同比例绘制,如为使其中某一组成部分清楚显示,可以另外增加一幅局部放大图。附图中除必需的词语外,不得含有其他注释。附图中的词语应当使用中文,必要时,可以在其后的括号里注明原文。一般情况下,不得使用照片作为附图,但在特殊情况下,例如,显示金相结构、组织细胞或者电泳图谱时,可以使用照片贴在图纸上作为附图。

5. 撰写权利要求书需注意事项

权利要求书是用于确定发明或者实用新型保护范围的文件,它撰写的好坏将直接影响发明或实用新型专利申请能否获得授权和获得专利权保护范围的大小。权利请求书一旦提交后,一般不允许扩大保护范围,尤其是实用新型专利通常没有机会再进行更改。因此,它是发明和实用新型专利申请文件中最重要的文件。

(1) 权利要求书应当满足的要求

第一,权利要求书应当以说明书为依据。

权利要求书应当以说明书为依据,清楚简要地说明要求专利保护的范围。权利要求书中使用的科技术语应当与说明书中使用的一致,权利要求书中的每个技术特征都应当是在说明书中进行了说明的,应当得到说明书的支持,不能超出说明书的范围。对权利要求书的每个权利要求来说,至少能在说明书中的具体实施方式或者实施示例中得到反映。权利要求书应使用与说明书一致或相似的语句,从正面简洁、明了地写明所要求保护的发明或实用新型的形状、构造特征,不得写入方法、用途及其他不属于专利保护的内容。

第二,权利要求清楚。

权利要求应当清楚,按照性质划分,权利要求可以分为产品权利要求和方法权利要求,权利要求的主题名称应当能够清楚地表明该权利要求的类型到底是权利产品要求还是方法权利要求。每项权利要求所确定的保护范围应当清楚,能够根据其所用词语的含义来理解,并且权利要求书的所有权利要求作为一个整体也应当清楚。

第三,权利要求和表述简要。

权利要求简要是指权利要求书中的每一项要求和构成权利要求书的所有权利要求都应当简要,一件专利申请中不可出现两项或两项以上保护范围实质相同的权利要求,每一项权利要求应由一句话构成,只允许在该项权利要求的结尾使用句号。权利要求表述要简洁,除了记载专业技术特征外,不需对原因或理由作不必要的描述说明,并不得使用商业性宣传术语。权利要求书中的用语应使用确定的技术用语,不得使用如"等"、"大约"、"左右"等技术概念模糊的词语,也不得使用"如说明书……所述"或"如图……所示"等用语。还需注意的是,权利要求书的首页正文前不加标题。

(2)撰写权利要求书

根据《专利法实施细则》的规定,权利要求书应当记载发明或者实用新型的技术特征。权利要求书有几项权利要求的,应当用阿拉伯数字顺序编号,编号前不得冠以"权利要求"或者"权项"等词。权利要求书中使用的科技术语应当与说明书中使用的科技术语一致,可以有化学式或者数学式,必要时可以有表格,但是不得有插图。权利要求中的技术特征可以引用说明书附图中相应的标记,该标记应当放在相应的技术特征后并置于括号内,便于理解权利要求,且附图标记不得解释为对权利要求的限制。

权利要求书应当有独立权利要求,也可以有从属权利要求。独立权利要求是指从整体上反映发明或者实用新型的主要技术内容,记载为实现发明或者实用新型的目的和效果所不可缺少的全部必要技术特征。独立权利要求本身可以独立存在,它的技术特征的集合是该专利的最大保护范围,其总和能够完整体现发明或实用新型的主题,使之与其他技术方案区别开来。因此,独立权利要求中不要写入任何非必要的技术特征,也不要将权利要求写的过于宽泛,这样容易导致权利不稳定,也不容易通过审查。一项发明或者实用新型应当只有一项独立权利请求,并写在同一发明或实用新型的从属权利要求之前。

第一,独立权利要求的撰写。

发明或者实用新型的独立权利要求应当包括前序部分和特征部分,一个独立权利要求只能有一个前序部分和一个特征部分。前序部分要写明要求保护的发明或者实用新型技术方案的主题名称和该主题与最接近的现有技术共有的必要技术特征。特征部分紧接前序部分,使用"其特征是……"或者类似的用语与上文衔接,写明发明或者实用新型区别于现有技术(与该申请最接近的技术)的技术特征。前序和特征部分共同限定了发明或者实用新型要求保护的范围。

如发明或者实用新型的性质确实不适于用上述方式表达的,比如由几个已知技术整合组成的发明,其发明实质在组合本身或者已知方法的改进发明,其改进之处在于省去某种物质或材料或者用一种物质代替另一种物质,独立权利要求可以用其他方式撰写,也就是可以不分成前序和特征两部分进行表述。但如果可能的情况下,尽量采用前序和特征两部分表述,不然不容易区分该发明或实用新型与现有技术的界限。

第二,从属权利要求的撰写。

从属权利要求是指用附加的技术特征,对所引用的权利要求作进一步的限定。从属权利要求包括引用部分和限定部分两部分,引用部分写明所引用的权利要求的编号及其主题名称,该主题名称应与独立权利要求主题名称一致。限定部分写明发明或者实用新型附加的技术特征,它是独立权利要求的补充,以及对引用部分的技术特征作进一步的限定。从属权利要求部分通常采用如下格式撰写:"根据权利要求(引用的权利要求的编号)所述的(主题名称),其特征是……。"(例如:"根据权利要求1所述……",其特征是……)。从属权利要求书应尽可能从多方面角度来补充、完善该专利的技术特征。

(3) 撰写好权利要求书的常用技巧

首先,在撰写权利要求书之前,先把该发明或实用新型的技术解决方案和全部技术特征分析透彻,确定是属于产品发明还是方法发明(实用新型只能是产品发明)。即确定技术领域、研究技术方案、分析技术特征,然后撰写不同的技术方案,并从中筛选出最优技术方案。其次,要从研发人员的角度入手,对产品本身的技术进行认真研究,尽可能多地找出其特有的技术特征,详细分析后,将各个技术特征放入不同的权利要求项中。同一发明可写出几种不同的权利要求书,可将几种方案仔细比较,来确定最正确合理的方案。最后,将确定好的权利要求书与写好的说明书相比较,仔细检查两者是否对应,确定权利要求书是否得到说明书的支持,也就是在权利要求书中写的技术特征,应当在说明书中有相应的文字记载,或是清楚、完整的说明。

6. 其他注意事项

(1) 利用了遗传资源的遗传功能完成的发明创造申请专利的,申请人应当在请求书中对于遗传资源的来源予以说明,并填写知识产权局制式的遗传资源来源披露登记表,写明该遗传资源的直接来源和原始来源,申请人无法说明原始来源的,应当陈述理由。

(2) 申请专利的发明涉及新的生物材料,该生物材料公众不能得到,并且对该生物材料的说明不足以使所属领域的技术人员实施其发明的,申请人还应当办理下列手续:第一,在申请日前或者最迟在申请日(有优先权的,指优先权日),将该生物材料的样品提交知识产权局认可的保藏单位保藏,并在申请时或者最迟自申请日起4个月内提交保藏单位出具的保藏证明和存活证明,期满未提交证明的,该样品视为未提交保藏;第二,在申请文件中,提供有关该生物材料特征的资料;第三,涉及生物材料样品保藏的专利申请应当在请求书和说明书中写明该生物材料的分类命名(注明拉丁文名称)、保藏该生物材料样品的单位名称、地址、保藏日期和保藏编号,申请时未写明的,应当自申请日起4个月内补正,期满未补正的,视为未提交保藏。

(二) 填写或撰写外观设计专利申请文件需注意事项

1. 填写外观设计专利请求书需注意事项

(1) 使用外观设计的产品名称

使用外观设计的产品名称应与外观设计图片或者照片中表示的外观设计相符,能准确、简明地表明要求保护的产品的外观设计。产品名称应符合国际外观设计分类表中小类列举的名称,一般不得超过20个字,并不得使用下列名称:含有人名、地名、国名、单位名称、商标、代号、型号或以历史时代命名的产品名称;也不得使用概括不当、过于抽象的名称,例如

"茶具"、"电器"、"建筑用物品"等；描述技术效果、内部构造的名称，例如"节电电磁炉"、"装有混合动力发动机的汽车"等也不允许使用；附有产品规格、大小、规模、数量单位的名称，例如"42英寸电视机"、"中型衣柜"、"一副手套"等也是不允许的；以外国文字或无确定的中文意义的文字命名的名称也不被允许，例如"奥利斯酒瓶"。但已经众所周知并且含义确定的文字，例如"VCD播放机"、"LED灯"、"USB集线器"等可以使用。

（2）设计人

设计人是对外观设计的实质性特点作出创造性贡献的人，应当是自然人，不能是集体或者单位，设计人应当使用本人的真实姓名，不得使用笔名或者假名，设计人不止一个的，应当自左向右按顺序填写。

（3）申请人

申请人可以是设计人，也可以是以法律规定或合同约定的取得专利申请权的人，可以是自然人或者单位、集体。如果是委托专利代理机构申请专利的，还应写明专利代理机构的名称和专利代理人的姓名。

其他填写要求与发明专利或实用新型专利申请要求相同，不再赘述。

2. 提交图片或者照片需注意事项

申请人提交的有关图片和照片应当清楚地表达外观设计。如果是立体外观设计产品，应当提交正投影六面视图和立体图或者照片，如产品设计要点仅涉及一个或几个面的，应当至少提交所涉及面的正投影视图和立体图，并应当在简要说明中写明省略视图的原因。如果是平面外观设计产品，应当提交该产品的两面视图，产品设计要点涉及一个面的，可以仅提交该面正投影视图。各视图的视图名称应当标注在相应视图的正下方，对于成套产品，应当在其中每件产品的视图名称前以阿拉伯数字顺序编号标注，并在编号前加"套件"字样。例如，对于成套产品中的第4套件的主视图，其视图名称为：套件4主视图。在必要时，申请人还应当提交该外观设计产品的展开图、剖视图、剖面图、放大图以及变化状态图。此外，申请人可以提交参考图，参考图通常用于表明使用外观设计的产品的用途、使用方法或者使用场所等。请求保护色彩的，应当提交彩色图片或者照片。图片的颜色应当着色牢固、不易褪色。图片的制作参照我国技术制图和机械制图国家标准中有关正投影关系、线条宽度以及剖切标记的规定绘制，并应当以粗细均匀的实线表达外观设计的形状。不得以阴影线、指示线、虚线、中心线、尺寸线、点画线等线条表达外观设计的形状。可以用两条平行的双点画线或自然断裂线表示细长物品的省略部分。图面上可以用指示线表示剖切位置和方向、放大部位、透明部位等，但不得有不必要的线条或标记。绘制图片可以使用包括计算机在内的制图工具，但不得使用铅笔、蜡笔、圆珠笔绘制，也不得使用蓝图、草图、油印件。对于使用计算机绘制的外观设计图片，图片的分辨率应当满足清晰度的要求，照片应当清晰，避免因对焦等原因导致产品的外观设计无法清楚地显示。照片背景应当单一，避免出现该外观设计产品以外的其他内容。产品和背景应有适当的明度差，以清楚地显示产品的外观设计。照片的拍摄通常应当遵循正投影规则，避免因透视产生的变形影响产品的外观设计的表达，并避免因强光、反光、阴影、倒影等影响产品的外观设计的表达。照片中的产品通常应当避免包含内装物或者衬托物，但对于必须依靠内装物或者衬托物才能清楚地显示产品的外观设计时，则允许保留内装物或者衬托物。提交图片的，两份均应为图片；提交照片的，两份均应为照片，不得将图片或照片混用。

3. 撰写简要说明需注意事项

根据《专利法实施细则》的规定,简要说明应当包括下列内容。第一,外观设计产品的名称。简要说明中的产品名称应当与请求书中的产品名称一致。第二,外观设计产品的用途。简要说明中应当写明有助于确定产品类别的用途,对于具有多种用途的产品,简要说明应当写明所述产品的多种用途。第三,外观设计的设计要点。设计要点是指与现有设计相区别的产品的形状、图案及其结合,或者色彩与形状、图案的结合,或者部位。对设计要点的描述应当简明扼要并指定一幅最能表明设计要点的图片或者照片,指定的图片或者照片将用于出版专利公报。

此外,下列情形应当在简要说明中写明。如果外观设计专利申请请求保护色彩,应当在简要说明中声明;如果外观设计专利申请省略了视图,申请人通常应当写明省略视图的具体原因,例如因对称或者相同而省略;如果难以写明的,也可仅写明省略某视图,例如大型设备缺少仰视图,可以写为"省略仰视图"。对同一产品的多项相似外观设计提出一件外观设计专利申请的,应当在简要说明中指定其中一项作为基本设计。

(三) 对各种申请文件的统一要求

1. 《专利法》和《专利法实施细则》规定的各种手续,应当以书面形式或者国务院专利行政部门规定的其他形式办理。

专利申请文件必须采用纸件形式或者电子申请的形式办理。不能用口头说明、电报、电话、电传等形式或者提供样品或模型等实物的方式来代替书面形式,申请文件各部分的第一页必须使用国务院专利行政部门统一的制式表格。这些表格可以在专利局受理大厅的咨询处索要,也可以向各地的专利局代办处索取或直接从国家知识产权局网站下载(www.sipo.gov.cn),也可以以信函的方式索取(信函寄至:国家知识产权局专利局初审及流程管理部发文处)。各种手续文件都应当按规定由申请人签章,(可以由申请人的代表人签章办理,委托专利代理机构的,应当由专利代理机构签章办理)签章应当与请求书中填写的姓名或者名称完全一致,并注意签章不得复印。办理手续要附具证明文件或者附件的,证明文件与附件应当使用原件或者副本,原则上不得使用复印件(如原件只有一份的,可以使用复印件,但同时需要附有公证机关出具的复印件与原件一致的证明)。

2. 申请文件排列顺序要求和纸张要求

向国务院专利部门提交申请文件时,发明或者实用新型专利申请文件应按如下顺序排列:请求书、说明书摘要、摘要附图、权利要求书、说明书、说明书附图。外观设计专利申请文件排列顺序如下:请求书、图片或照片、简要说明。申请文件各部分都应当用阿拉伯数字顺序分别编号。申请文件用纸一律用 A4 尺寸的纸张,并纵向使用,纸张质量应当与复印机用纸的质量相当,纸面上不得有无用的文字、记号、线、框等,并单面使用。文字自左向右横向书写,纸张左边和上边应各留 25 毫米空白,右边和下边应各留 15 毫米空白,以便于出版和审查时使用。

3. 申请文件的文字和书写要求

申请文件各部分一律使用汉字。国家有统一规定的科技术语的,应当采用规范词。外国人名、地名和科技术语如没有统一中文译文,应当在中文译文后的括号内注明原文。申请人提供的附件或证明是外文的,应当附有中文译文,申请文件(包括请求书在内)都应当用宋体、仿宋体或楷体打字或印刷,字迹呈黑色,字高应当在 3.5～4.5 毫米,行距应当在 2.5～

3.5毫米。申请文件中有图的,应当用墨水和绘图工具绘制,或者用绘图软件绘制,线条应当均匀清晰,不得涂改。

4. 专利申请内容的单一性要求

一件发明或者实用型新专利申请应当限于一项发明或者实用新型。属于一个总的发明构思的两项以上的发明或者实用新型,可以作为一件申请提出。同一申请人同日对同样的发明创造既申请实用新型专利又申请发明专利的,应当在申请时分别说明。未作说明的,不适用《专利法》关于同一申请人同日对同样的发明创造既申请实用新型专利又申请发明专利的规定,即会造成其发明专利不能授权。一件外观设计专利申请应当限于一项外观设计。同一产品两项以上的相似外观设计,或者用于同一类别并且成套出售或者使用的产品的两项以上的外观设计,可以作为一件申请提出。

5. 向专利局提交的各种文件申请人都应当留存底稿,以保证申请审批过程中文件填写的一致性,并可以此作为答复审查意见时的参照

§3 专利的申请与受理

一、提出专利申请

申请人申请专利可采用邮寄或者面交的方式提交申请文件。可以将申请文件面交到国家知识产权局专利局的受理窗口或寄交"国家知识产权局专利局受理处"收,也可以面交到设在地方的国家知识产权局专利局代办处(以下简称专利局代办处)的受理窗口或寄交"专利局×××代办处"收。目前在北京、沈阳、济南、长沙、成都、南京、上海、广州、西安、武汉、郑州、天津、石家庄、哈尔滨、长春、昆明、贵阳、杭州、重庆、深圳、福州、南宁、乌鲁木齐、南昌、银川、合肥等地都设立国家知识产权局专利局代办处。对于国防专利的申请应当提交国防专利分局。提交申请文件采用邮寄的,应当用挂号信函,一封挂号信内应当只装同一件申请的文件,挂号信函上除写明专利局或者专利局代办处的详细地址(包括邮政编码)外,还应当标有"申请文件"及"国家知识产权局专利局受理处收"或"国家知识产权局专利局××代办处收"的字样。向国务院专利行政部门邮寄的各种文件,以寄出的邮戳日为递交日,邮戳日不清晰的,除当事人能够提出证明外,以国务院专利行政部门收到日为递交日。因此,邮寄后申请人应当妥善保管好挂号收据存根。无法用挂号信邮寄的,可以用特快专递邮寄,不得用包裹邮寄申请文件。申请文件通过快递公司递交的,以专利局受理处以及各专利局代办处实际收到日为申请日。需注意,专利局在受理专利申请时不接收样品、样本或模型,但国务院专利行政部门认为必要时,可以要求外观设计专利申请人提交实用外观设计的产品样品或者模型。样品或者模型的体积不得超过30厘米×30厘米×30厘米,重量不得超过15公斤。易腐、易损或者危险品不得作为样品或者模型提交。

二、专利申请的受理

专利局受理处或代办处收到专利申请后,将会对是否符合《专利法》和《专利法实施细则》相关规定进行简单审查,审查内容包括:申请类别是否明确;申请文件是否有请求书;请求书中是否有申请人姓名或名称、地址;发明专利申请是否有说明书、权利要求书;实用新型

申请是否有说明书、说明书附图、权利要求书;外观设计专利申请是否有图片或照片或者简要说明;是否使用中文申请等,从而决定是否受理该申请(不符合上述其中任何一个条件的,不予受理)。如专利申请符合条件的,按照专利申请的类别和专利申请的先后顺序给出相应的专利申请号(申请号条贴在请求书和案卷夹上),并向申请人发出专利申请受理通知书、缴纳申请费通知书。专利申请受理通知书上会写明申请号、申请日、申请人姓名或者名称和文件核实情况,加盖专利局受理处或者代办处印章,并有审查员的署名和发文日期,申请人需在规定期限内缴纳申请费等费用。对申请人面交专利局受理处或各专利局代办处的申请文件,如果数量在10件以下的,受理处或代办处应当时进行申请是否符合受理条件的审查,符合受理条件的可当场即取得受理通知书、缴纳申请费通知书。向专利局受理处寄交申请文件的,一般在一个月左右可以收到国家知识产权局专利局的受理通知书、缴纳申请费通知书,不符合受理条件的,将收到不受理通知书以及退还的申请文件复印件。超过一个月尚未收到专利局通知的,申请人应当及时向专利局受理处查询,以及时发现申请文件或通知书在邮寄中是否已丢失。

三、申请人缴纳费用

在取得受理通知书及缴纳申请费通知书后,申请人应当按照缴纳申请费通知书上写明的应缴纳费用和缴费期限进行缴费。申请费的缴纳期限是自申请日起算两个月内或在收到受理通知书之日起15日内缴纳费用,除申请费外,申请人需同时缴纳的费用还包括发明专利申请公布印刷费、申请附加费,要求优先权的,应同时缴纳优先权要求费。如未在规定的期限内缴纳或缴足的,专利申请将视为撤回。申请人可当时缴纳费用,也可以通过邮局、银行汇付。缴费人通过银行或邮局缴付专利费用时,应当在汇单上写明正确的申请号或者专利号(2003年10月1日之前申请的专利,正确的申请号或专利号应为9位,2003年10月1日之后申请的专利,申请号或专利号为13位,不得缺位,最后一位校验位前的小数点可以省略)、缴纳费用的名称(或简称)。缴费人应当要求银行或邮局工作人员在汇款附言栏中录入上述缴费信息,通过邮局汇款的,还应当要求邮局工作人员录入完整通讯地址,包括邮政编码,这些信息在以后的程序中是有重要作用的。需注意,费用应当面交或寄交至专利局收费处而非专利局受理处。

§4 专利申请的审批

依据《专利法》,实用新型专利申请或者外观设计专利申请在受理后初审合格即可取得专利授权,而发明专利申请的审批程序则需要在受理、初审后还需经公布、实质审查合格才可取得专利授权。

一、实用新型或外观设计专利申请的审批程序

(一) 实用新型或外观设计专利申请初步审查的内容

1. 申请文件的形式审查

对实用新型申请文件和外观设计专利申请文件的形式审查主要包括专利申请是否包含了《专利法》规定的申请文件,以及这些文件是否符合《专利法实施细则》的规定,例如实用新型专利申请的说明书是否对实用新型做出完整清楚的说明、权利要求书是否以说明书为依

据,外观设计专利申请的申请人请求保护色彩的,是否提交了彩色图片或者照片等。

2. 申请文件的实质性缺陷审查

对实用新型专利申请文件和外观设计专利申请文件是否具有明显实质性缺陷进行审查,主要从专利申请是否明显属于《专利法》规定的不能授予专利权的范围、专利申请人是否符合《专利法》规定、所申请实用新型专利是否具有新颖性、创造性和实用性、是否依照《专利法》规定不能取得专利权等方面进行审查。

3. 其他文件的形式审查

其他文件是指当事人在办理与该专利申请(或专利)有关的各种手续时,提交的除专利申请文件以外的各种请求、申报、意见陈述、补正以及各种证明、证据材料等。对实用新型专利申请和外观设计专利申请其他文件的形式审查主要从与专利申请有关的其他手续和文件是否以书面形式或者国务院专利行政部门规定的其他形式办理、是否使用中文、是否在法定期限内提交、申请人委托专利代理机构向国务院专利行政部门申请专利和办理其他专利事务的,是否提交了委托书并写明了委托权限等方面进行审查。

4. 有关费用的审查

有关费用的审查指专利申请是否按照《专利法》及《专利法实施细则》的规定缴纳了相关费用。如申请人或者专利权人缴纳法定的各种费用有困难的,可以向国务院专利行政部门提出减缴或者缓缴的请求,并填写知识产权局制定的统一、制式的费用减缓请求书。

(二)初步审查的后果

1. 经过审查,发现符合相关法律要求的,专利部门做出授予实用新型或外观设计专利权通知。能够授予专利权的实用新型或外观专利申请包括符合初步审查要求的专利申请,以及经过补正符合初步审查要求的专利申请。

2. 经过初步审查,发现申请文件存在缺陷,但是可以通过补正克服,审查人员发出补正通知书。经申请人补正后,申请文件仍然存在缺陷的,审查员应当再次发出补正通知书(补正通知书以两次为限)。

3. 在初步审查中,审查员认为申请文件存在明显实质性缺陷,不可能通过补正方式克服,应当发出审查意见通知书。

申请人在收到补正通知书或者审查意见通知书后,应当在指定的期限内补正或者陈述意见,申请人期满未答复的,其申请被视为撤回。申请人对专利申请进行补正的,应当提交补正书和相应修改文件替换页。申请文件的修改替换页应当一式两份,其他文件只需提交一份。对申请文件的修改,应当针对通知书指出的缺陷进行修改(实用新型或者外观设计专利申请人自申请日起 2 个月内,可以对实用新型或者外观设计专利申请主动提出修改)。对实用新型专利申请修改的内容不得超出申请日提交的说明书和权利要求书记载的范围。对外观设计专利申请修改的内容不得超出申请日提交的图片或者照片表示的范围。申请人补正或者陈述意见后,专利部门认为仍然不符合有关规定的,予以驳回。

二、发明专利申请的审批程序

(一)初步审查

发明专利申请初步审查主要从以下四个方面进行:第一,对申请文件的形式审查,包括专利申请是否包含《专利法》所规定的申请文件,以及这些文件格式上是否明显符合《专利法》及《专利法实施细则》的要求;第二,对申请文件是否存在明显实质性缺陷审查,包括专利申请是否属于《专利法》规定的不能授予专利的情形,该申请是否对产品、方法或者其改进所提出的新的技术方案、权利要求书、说明书的撰写是否符合《专利法》及《专利法实施细则》的规定等;第三,对其他文件的形式审查,包括与发明专利申请有关的其他手续和文件是否符合《专利法》及《专利法实施细则》的规定、是否在规定期限内提交;第四,对有关费用的审查,包括专利申请是否按照《专利法》及《专利法实施细则》的规定缴纳了相关费用,如申请减缴或缓缴费用的,是否提交了相关申请。

对发明专利申请的初步审查后果也包括三种。第一种后果经初步审查,对于申请文件符合《专利法》及《专利法实施细则》有关规定并且不存在明显实质性缺陷的专利申请或经过补正符合初步审查要求的专利申请,都认定为初审合格。审查员发出初步审查合格通知书,指明公布所依据的申请文本,之后进入公布程序。第二种、第三种后果及处理方式与实用新型或外观设计专利相同,不再赘述。

(二)公布申请

专利部门经过初步审查认为符合要求的,自申请之日起满 18 个月,即行公布(对保密专利申请不公布),如发明专利申请人希望将其申请提前公布,在专利行政部门对其初步审查符合要求后可以请求提前公布。

(三)实质审查

实质审查是国务院专利行政部门对申请发明专利的新颖性、创造性和实用性等依法进行的审查。实质审查的目的在于确定发明专利是否符合《专利法》和《专利法实施细则》的规定。审查的主要内容有:申请专利的发明是否属于《专利法》所指的发明,发明是否具有新颖性、创造性和实用性,是否违反国家法律和社会公德或者妨害公共利益,说明书、请求书请求的权利保护是否符合法律要求等。一般情况下,专利申请人应自申请日起 3 年内随时主动提出实质审查请求,只有特殊情况下国务院专利行政部门才主动启动实质审查。发明专利的申请人请求实质审查时,应当填写并提交国务院专利行政部门制式的实质审查请求书、提交在申请日前与其发明有关的参考资料、缴纳实质审查费,才会启动实质审查程序。如申请人在规定期限内提交了实质审查请求书并缴纳了实质审查费,但实质审查请求书的形式不符合规定的,审查员可以发出视为未提出通知书。如申请人未在规定的期限内提交实质审查请求书,或者未在规定的期限内缴纳或者缴足实质审查费的,审查员将会发出视为撤回通知书。

国务院专利行政部门对发明专利申请进行实质审查后,认为不符合《专利法》规定的,应当通知申请人,要求其在指定的期限内陈述意见,必要时对其申请进行修改。申请人在接到通知后,无正当理由逾期不答复的,该申请即被视为撤回。发明专利申请经申请人陈述意见或者进行修改后国务院专利行政部门认为仍然不符合《专利法》及《专利法实施细则》有关授予专利权条件的规定的,应当予以驳回。经过实质审查,认为符合法律规定的授予专利权的条件的,做出授予专利权的决定,并向申请人发出授予专利权的通知。

三、取得专利证书

专利行政部门发出授予专利权的通知后,申请人应当自收到通知之日起 2 个月内办理登记手续,并缴纳相关费用。申请人按期办理登记缴费的手续的,国务院专利行政部门应当授予专利权,发给相应的专利证书,并予以登记和公告,专利权自公告之日起生效。至此,整个专利申请就完成了。

需要注意的是,在专利申请过程中,根据具体个案情况不同,还有很多细节需要注意,如下几点,供实务操作中参考留意。

1. 为了保证专利申请具有新颖性,在提出专利申请以前,申请人应当对申请内容保密。如果在发明试验过程中有其他人参与,应当要求这些人员也予以保密,必要时可以签订保密协议。

2. 任何单位或者个人在中国完成的发明或者实用新型,准备直接向外国申请专利的,应当事先向国务院专利行政部门提出保密审查请求,并详细说明其技术方案;如果首先向国务院专利行政部门申请专利,而准备随后向外国申请专利或者向有关国外机构提交专利国际申请的,应当在向外国申请专利或者向有关国外机构提交专利国际申请前提出保密审查请求,也可以在国务院专利行政部门申请专利的同时提出保密审查请求。向国务院专利行政部门提交专利国际申请的,视为同时提出了保密审查请求。

3. 申请人自发明或者实用新型在外国第一次提出专利申请之日起十二个月内,或者自外观设计在外国第一次提出专利申请之日起六个月内,又在中国就相同主题提出专利申请的,依照该外国同中国签订的协议或者共同参加的国际条约,或者依照相互承认优先权的原则,可以享有优先权。申请人自发明或者实用新型在中国第一次提出专利申请之日起十二个月内,又向国务院专利行政部门就相同主题提出专利申请的,可以享有优先权。申请人要求优先权的,应当在申请的时候提出书面声明,并且在三个月内提交第一次提出的专利申请文件的副本,未提出书面声明或者逾期未提交专利申请文件副本的,视为未要求优先权。

4. 申请人对专利部门驳回申请的决定不服的,可自收到驳回通知之日起三个月内,向专利复审委员会提出复审请求。如对专利复审委员会的复审决定不服的,可自收到复审通知之日起三个月内向北京市第一中级人民法院法院起诉。

5. 自申请之日起算,发明专利权的期限为二十年,实用新型专利权和外观设计专利权的期限为十年,专利权人应当自被授予专利权的当年开始缴纳年费,如没有按照规定缴纳年费,专利权在期限届满前终止。

附:

发明专利请求书

请按照"注意事项"正确填写本表各栏	此框内容由国家知识产权局填写
⑦ 发明名称	① 申请号 (发明) ② 分案提交日
⑧ 发明人	③ 申请日 ④ 费减审批 ⑤ 向外申请审批

续表

⑨第一发明人国籍		居民身份证件号码		⑥挂号号码		
⑩申请人	申请人(1)	姓名或名称		电话		
		居民身份证件号码或组织机构代码		电子邮箱		
		国籍或注册国家(地区)		经常居所地或营业所所在地		
		邮政编码	详细地址			
	申请人(2)	姓名或名称		电话		
		居民身份证件号码或组织机构代码				
		国籍或注册国家(地区)		经常居所地或营业所所在地		
		邮政编码	详细地址			
	申请人(3)	姓名或名称		电话		
		居民身份证件号码或组织机构代码				
		国籍或注册国家(地区)		经常居所地或营业所所在地		
		邮政编码	详细地址			
⑪联系人	姓名		电话		电子邮箱	
	邮政编码		详细地址			
⑫代表人为非第一署名申请人时声明　　特声明第____署名申请人为代表人						
⑬专利代理机构	名称			机构代码		
	代理人(1)	姓名		代理人(2)	姓名	
		执业证号			执业证号	
		电话			电话	
⑭分案申请	原申请号		针对的分案申请号		原申请日　年　月　日	
⑮生物材料样品	保藏单位		地址			
	保藏日期　年　月　日		保藏编号		分类命名	
⑯序列表	□本专利申请涉及核苷酸或氨基酸序列表		⑰遗传资源	□本专利申请涉及的发明创造是依赖于遗传资源完成的		
⑱要求优先权声明	原受理机构名称	在先申请日	在先申请号	⑲不丧失新颖性宽限期声明	□已在中国政府主办或承认的国际展览会上首次展出 □已在规定的学术会议或技术会议上首次发表 □他人未经申请人同意而泄露其内容	
				⑳保密请求	□本专利申请可能涉及国家重大利益,请求按保密申请处理 □已提交保密证明材料	

续表

㉑ □声明本申请人对同样的发明创造在申请本发明专利的同日申请了实用新型专利	㉒ 提前公布	□请求早日公布该专利申请

| ㉓ 申请文件清单
1. 请求书　　　　　　　　份　　页
2. 说明书摘要　　　　　　份　　页
3. 摘要附图　　　　　　　份　　页
4. 权利要求书　　　　　　份　　页
5. 说明书　　　　　　　　份　　页
6. 说明书附图　　　　　　份　　页
7. 核苷酸或氨基酸序列表　份　　页
8. 计算机可读形式的序列表　份

权利要求的项数　　　项 | ㉔ 附加文件清单
□费用减缓请求书　　　　　　　份 共　　页
□费用减缓请求证明　　　　　　份 共　　页
□实质审查请求书　　　　　　　份 共　　页
□实质审查参考资料　　　　　　份 共　　页
□优先权转让证明　　　　　　　份 共　　页
□保密证明材料　　　　　　　　份 共　　页
□专利代理委托书　　　　　　　份 共　　页
　总委托书（编号_____）
□在先申请文件副本　　　　　　份
□在先申请文件副本首页译文　　份
□向外国申请专利保密审查请求书　份 共　　页
□其他证明文件（名称_____）份 共　　页
□ |

| ㉕ 全体申请人或专利代理机构签字或者盖章

　　　　　　　　　年　月　日 | ㉖ 国家知识产权局审核意见

　　　　　　　　　年　月　日 |

发明专利请求书英文信息表

发 明 名 称	

续表

注 意 事 项

一、申请发明专利,应当提交发明专利请求书、权利要求书、说明书、说明书摘要,有附图的应当同时提交说明书附图及摘要附图。申请文件应当一式一份。(表格可在国家知识产权局网站 www.sipo.gov.cn 下载)

二、本表应当使用国家公布的中文简化汉字填写,表中文字应当打字或者印刷,字迹为黑色。外国人姓名、名称、地名无统一译文时,应当同时在请求书英文信息表中注明。

三、本表中方格供填表人选择使用,若有方格后所述内容的,应当在方格内作标记。

四、本表中所有详细地址栏,本国的地址应当包括省(自治区)、市(自治州)、区、街道门牌号码,或者省(自治区)、县(自治县)、镇(乡)、街道门牌号码,或者直辖市、区、街道门牌号码。有邮政信箱的,可以按规定使用邮政信箱。外国的地址应当注明国别、市(县、州),并附具外文详细地址。其中申请人、专利代理机构、联系人的详细地址应当符合邮件能够迅速、准确投递的要求。

五、填表说明

1. 本表第①、②、③、④、⑤、⑥、㉖栏由国家知识产权局填写。

2. 本表第⑦栏发明名称应当简短、准确,一般不得超过 25 个字。

3. 本表第⑧栏发明人应当是个人。发明人有两个以上的应当自左向右顺序填写,发明人姓名之间应当用分号隔开。发明人可以请求国家知识产权局不公布其姓名。若请求不公布姓名,应当在此栏所填写的相应发明人后面注明"(不公布姓名)"。

4. 本表第⑨栏应当填写第一发明人国籍,第一发明人为中国内地居民的,应当同时填写居民身份证件号码。

5. 本表第⑩栏申请人是个人的,应当填写本人真实姓名,不得使用笔名或者其他非正式的姓名;申请人是单位的,应当填写单位正式全称,并与所使用的公章上的单位名称一致。申请人是中国单位或者个人的,应当填写其名称或者姓名、地址、邮政编码、组织机构代码或者居民身份证件号码;申请人是外国人、外国企业或者外国其他组织的,应当填写其姓名或者名称、国籍或者注册的国家或者地区、经常居所地或者营业所所在地。

6. 本表第⑪栏,申请人是单位且未委托专利代理机构的,应当填写联系人,并同时填写联系人的通信地址、邮政编码、电子邮箱和电话号码,联系人只能填写一人,且应当是本单位的工作人员。申请人为个人且需由他人代收国家知识产权局所发信函的,也可以填写联系人。

7. 本表第⑫栏,申请人指定非第一署名申请人为代表人时,应当在此栏指明被确定的代表人。

8. 本表第⑬栏,申请人委托专利代理机构的,应当填写此栏。

9. 本表第⑭栏,申请是分案申请的,应当填写此栏。申请是再次分案申请的,还应当填写所针对的分案申请的申请号。

10. 本表第⑮栏,申请涉及生物材料的发明专利,应当填写此栏,并自申请日起四个月内提交生物材料样品保藏证明和存活证明。

11. 本表第⑯栏,发明申请涉及核苷酸或氨基酸序列表的,应当填写此栏。

12. 本表第⑰栏,发明创造的完成依赖于遗传资源的,应当填写此栏。

13. 本表第⑱栏,申请人要求外国或者本国优先权的,应当填写此栏。

14. 本表第⑲栏,申请人要求不丧失新颖性宽限期的,应当填写此栏,并自申请日起两个月内提交证明文件。

15. 本表第⑳栏,申请人要求保密处理的,应当填写此栏。

16. 本表第㉑栏,申请人同日对同样的发明创造既申请实用新型专利又申请发明专利的,应当填写此栏。未作说明的,依照专利法第九条第一款关于同样的发明创造只能授予一项专利权的规定处理。(注:申请人应当在同日提交实用新型专利申请文件。)

17. 本表第㉒栏,申请人要求提前公布的,应当填写此栏。若填写此栏,不需要再提交发明专利请求提前公布声明。

18. 本表第㉓、㉔栏,申请人应当按实际提交的文件名称、份数、页数及权利要求项数正确填写。

19. 本表第㉕栏,委托专利代理机构的,应当由专利代理机构加盖公章。未委托专利代理机构的,申请人为个人的应当由本人签字或者盖章,申请人为单位的应当加盖单位公章;有多个申请人的由全体申请人签字或者盖章。

20. 本表第⑧、⑩、⑱栏,发明人、申请人、要求优先权声明的内容填写不下时,应当使用规定格式的附页续写。

1. 申请人应当在缴纳申请费通知书(或费用减缓审批通知书)中规定的缴费日前缴纳申请费、公布印刷费和申请附加费。申请人要求优先权的,应当在缴纳申请费的同时缴纳优先权要求费。

2. 一件专利申请的权利要求(包括独立权利要求和从属权利要求)数量超过10项的,从第11项权利要求起,每项权利要求增收附加费150元;一件专利申请的说明书页数(包括附图、序列表)超过30页的,从第31页起,每页增收附加费50元,超过300页的,从301页起,每页增收附加费100元。

3. 申请人请求减缓费用的,应当在提交申请文件的同时提交费用减缓请求书及相关证明文件。

4. 各种专利费用可以直接到国家知识产权局缴纳,也可以通过邮局或者银行汇付。

5. 通过邮局汇付的,收款人姓名:国家知识产权局专利局收费处 商户客户号:110000860;并应当在汇款单附言栏中写明申请号、费用名称(或简称)及分项金额。

6. 通过银行汇付的,户名:中华人民共和国国家知识产权局专利局,开户银行:中信银行北京知春路支行,账号:7111710182600166032;并应当在银行汇款单中写明申请号、费用名称(或简称)及分项金额。

7. 对于只能采用电子联行汇付的,应当向银行付电报费,正确填写并要求银行至少将申请号及费用名称两项列入汇款单附言栏中同时发至国家知识产权局专利局。

8. 应当正确填写申请号13位阿拉伯数字(注:最后一位校验位可能是字母),小数点不需填写。

9. 费用名称可以使用下列简称:

印花费——印   发明专利申请费——申

发明专利公布印刷费——文印

发明专利实质审查费——审   发明专利复审费——复

发明专利登记费——登   著录事项变更费——变

优先权要求费——优   改正优先权要求请求费——改(改优)

恢复权利请求费——恢

发明专利权无效宣告请求费——无(无效)

延长费——延

权利要求附加费——权(权附)   说明书附加费——说(说附)

发明专利年费滞纳金——滞(年滞)

发明专利第 N 年年费——年 N(注:N 为实际年度,例如:发明专利第 8 年年费—年 8)

10. 费用通过邮局或者银行汇付遗漏必要缴费信息的,可以在汇款当日通过传真或电子邮件的方式补充。(传真电话:010—62084312;电子邮箱:shoufeichu@sipo.gov.cn)补充完整缴费信息的,以汇款日为缴费日。当日补充不完整而再次补充的,以国家知识产权局收到完整缴费信息之日为缴费日。

补充缴费信息的,应当提供邮局或者银行的汇款单复印件、所缴费用的申请号(或专利号)及各项费用的名称和金额。同时,应当提供接收收据的地址、邮政编码、接收人姓名或名称等信息。补充缴费信息如不能提供邮局或者银行的汇款单复印件的,还应当提供汇款日期、汇款人姓名或名称、汇款金额、汇款单据号码等信息。

11. 未按上述规定办理缴费手续的,所产生的法律后果由汇款人承担。